아이들을 상담하고 교육하는 선생님 7명의 교육철학

# 아이의 잠재력을 깨우는 7가지 열쇠

아이들을 상담하고 교육하는 선생님 7명의 교육철학

# 아이의 잠재력을 깨우는 7가지 열쇠

김송은, 박규리, 김인선,
박미선, 이은진,
이숙희, 이서아

우먼더스토리

# 목 차

## 1장 정서　　　　　　　　　　　　　　　　　　　9

**김송은** | 기묘한 모녀의 뇌 사용법

01 뇌에 미친 모녀의 탄생　　　　　　　　　12
02 작은 것들을 위한 시　　　　　　　　　　17
03 정서 + 정서 = 집중력　　　　　　　　　　23
04 산만한 우리 아이, 설마 ADHD?　　　　　29
05 오늘을 넘어 내일로　　　　　　　　　　　34

## 2장 독서　　　　　　　　　　　　　　　　　　　41

**박규리** | 저는 책을 그리는 사람입니다

01 엄마 곰과 아기곰　　　　　　　　　　　　46
02 책 그리기 좋은 시간　　　　　　　　　　　57
03 단 한 권의 책과 세상 모든 이야기　　　　65
04 기적을 만나는 나만의 도서관　　　　　　70
05 책과 함께하는 삶　　　　　　　　　　　　82

아이의 잠재력을 깨우는
7가지 열쇠

## 3장 지능 87

**김인선 | 점에서 원으로 걸어가는 아이들**

| 01 나의 지극히 평범한 이야기 | 92 |
| 02 점으로 불리는 아이들 | 99 |
| 03 지능을 올리는 골든타임 | 109 |
| 04 원으로 향하는 아이들 | 114 |

## 4장 언어 121

**박미선 | 포터 쌤은 오늘도 네잎클로버를 찾는다**

| 01 유레카! 입트영! | 124 |
| 02 뇌가 제일 잘 나가 | 129 |
| 03 영어는 패션이다 | 138 |
| 04 4060 복 받은 세대 | 142 |

## 5장 음악 　　　　　　　　　　　　　145

**이은진** | **악기로 뇌를 연주하라**
　　01 피아니스트가 아니라 피아노 선생님　　151
　　02 인생의 샵(#)으로 음악을 만난 아이들　　159
　　03 음악은 뇌를 노래하게 한다　　167
　　04 소박한 사명감으로, 낮은음자리표 선생님으로　　175

## 6장 자기주도 　　　　　　　　　　　177

**이숙희** | **너의 마음이 움직일 때까지**
　　01 수업 잘하는 교사　　184
　　02 세 번의 시행착오　　188
　　03 네 마음을 읽어 줄게　　199
　　04 자기주도학습을 되묻다　　205

## 7장 두뇌 213

**이서아** | **뇌파 찍는 여자**

01 뉴로피드백과 영재프로그램 216

02 1등을 움직이는 진짜 파워 221

04 뇌효율이 필요한 아이들 231

04 뇌파 분석을 통한 우리 아이 뇌 깨닫기 236

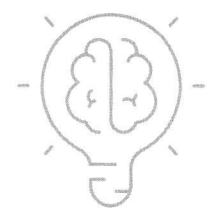

## 🗝️ 1장 정서
## 기묘한 모녀의 뇌 사용법

김송은

## "우리 아이 지친 두뇌, 뉴로피드백 훈련"

    학창 시절 담임 선생님에게 ADHD 검사를 받아보라는 권유를 받은 적 있는 뇌파훈련상담사. 그 경험을 바탕으로 현재 주의 집중이 어려운 훈련생을 돕고 있습니다. 어떻게 하면 훈련생에게 좋은 훈련을 제공할 수 있을까? 고민 끝에, 심리상담에 관심을 가지게 됐습니다. 연세대학교 연합신학대학원 상담 전문과정을 수료한 후, 명지대학교 사회교육대학원 상담심리학 석사 과정을 졸업했습니다.

    발달클리닉, 심리상담센터, 학원에서 집중 저하 이외에도 우울, 불안, 불면, ADHD, 틱 등을 진단받은 훈련생에게 뇌파 훈련을 지도하는 중입니다.

- 연세대학교 연합신학대학원 상담전문과정 수료
- 명지대학교 사회교육대학원 상담심리학 석사
- 뇌교육사, 사회복지사, 상담전문가, 임상심리사 자격 보유

https://www.instagram.com/mind_brain20

뇌 훈련을 알게 된 지는 15년, 뇌 훈련을 지도한 지는 10년이 돼갑니다. 저는 오랜 기간 여러 면에서 불확실함을 느꼈습니다. 훈련과 일에 대한 확신도 뚜렷하지 않았습니다. 이 길이 나에게 맞는 것인지 오랫동안 고민해 왔습니다. 답답함의 연속이었습니다.

어쩌면 저 자신에 대한 확신이 없었을지도 모르겠습니다. 이런 불확실함에서 확신이 생기기까지 많은 시간과 노력이 필요했습니다. 저의 이런 과정은 가족들과 지금까지 만나온 분들이 없었다면 버티지 못했을 것입니다. ADHD, 틱, 우울증, 불안장애, 품행장애 등 진단을 받은 아이들을 비롯해 집중력이 떨어져 고민이 많았던 아이들을 만나 훈련을 지도했습니다. 그 과정에서 보호자와 아이들의 어려움을 보았습니다. 어떻게 하면 나아질 수 있을지 계속 고민하고 배웠습니다. 그 덕분에 많은 훈련 사례를 경험했습니다.

저는 부모님을 통해 사랑과 책임감을 배웠습니다. 그리고 저를 믿고 자녀를 맡겨주신 보호자들과 저를 따라준 아이들을 통해 그 사랑과 책임감을 더 깊게 다질 수 있었습니다. 수년간 믿어주고 응원해 주는 분들이 있었기에 저는 계속 성장할 수 있었습니다. 혼자서 할 수 있는 일이 아니었기에 항상 감사한 마음이 있습니다.

제 마음을 담아 부모님과 제 주변의 여러분 그리고 자녀의 뇌 발달에 관심 있는 여러분께 저의 성장기를 들려드리고 싶습니다. 아이들과 보호자가 계신 이상 저의 성장은 앞으로도 계속될 것입니다.

## 01 뇌에 미친 모녀의 탄생

"넌, 왜 안 치우니?"
"내가 네 하녀냐?"

가족과 함께 사는 사람이면 누구나 흔히 집에서 듣는 말입니다. 그런데 우리 집에서는 특별히 말 뒤에 덧붙는 말이 있습니다.

"넌, 왜 안 치우니? 뇌 훈련 좀 해!"
"내가 네 하녀냐? 너 뇌 훈련 좀 더 해야겠다."

바로 엄마의 한마디입니다. 부주의하고 칠칠치 못한 제가 집에서 자주 듣는 말입니다. 엄마는 제가 고등학생일 때 상담심리 공부를 시작했습니다. 뇌파를 통해 심리 및 뇌 상태를 파악하고 개선할 수 있는 도구가 있다는 것을 알고 교육을 받은 후 지인의 검사와 뇌파 훈련부터 지도를 시작했어요.

처음 이 도구를 알게 된 것은 친척의 소개였고, 저와 동생이 먼저 훈련을 해봤습니다. 이상한 기기를 이마에 두르고 눈을 떴다 감았다, 화면을 보면서 뇌파 측정을 했던 것이 기억납니다. 이 조잡해 보이는 기구로 어떻게 내 머리를 확인할 수 있다는 건지, 미덥지 않았는데요. 어쨌든 머리가 좋아진다고 하니 엄마가 시키는 대로 훈련을 주 1회씩 했습니다.

아이의 잠재력을 깨우는
7가지 열쇠

처음 훈련했을 때는 차분히 화면을 보는 것이 힘들었습니다. 띵- 띵- 소리가 나고 점수가 올라가는데, 도무지 무슨 원리인지 알 수가 없었습니다. 그래도 뭔가 점수가 조금씩 늘어나는 것을 확인했을 땐 재미있기도 했지요. 그게 저의 뇌 훈련 첫 경험입니다. 그때 저는 훈련에 대해 크게 효과를 느끼지 못하고 훈련소까지 거리도 멀어 얼마 가지 않아 그만뒀습니다. 띵- 띵- 소리가 머릿속에서 완전히 잊힐 즈음, 어느 날 그 요상한 띠 모양의 기계가 우리 집에도 들어오게 됐습니다. 질긴 인연의 서막이었던 것입니다.

원래도 엄마는 우리 가족의 건강을 많이 챙겼는데 이젠 뇌 건강까지 신경을 쓰기 시작했습니다. 엄마는 이 도구가 좋은 것임을 경험하여 가족들에게도 시켜주고 싶어 했지요. 하지만 귀찮다는 이유로 영양제도 챙겨 먹지 않던 저에게 뇌 훈련은 정말 힘든 일이었습니다. 심지어 뇌 훈련을 하라는 엄마의 소리를 정말 듣는 것이 지겨웠습니다. 도대체 이게 뭐길래 자꾸 하라는 건지도 모르겠고, 시간 아깝다는 생각도 했어요. 그저 '엄마의 잔소리'였지요. 이런 저에게도 이제는 잠을 편하게 못 자 신경질적이거나 중요한 것을 흘리는 엄마의 모습을 보게 되면 하는 말이 있습니다.

"엄마, 요새 왜 이렇게 예민해? 요새 훈련 안 했어? 엄마야말로 훈련 좀 해."
"엄마, 이걸 까먹으면 어떡해? 훈련 안 한 지 좀 됐지?"

점점 역전!
우리 모녀는 어쩌다가 뇌에 푹 빠지게 된 걸까요? 앞서 이야기했듯 저는 처음부터 뇌 건강이나 상담에 관심이 있던 것은 아니었습니다. 엄마가 뇌 훈련을 하실 때만 해도 저는 뇌 훈련에는 관심은커녕 하는 것도 싫었습니다. 우선 뇌라는 말이 들어가면 너무 딱딱하게 느껴지고, 이상하게 느껴지기까지 했습니다.

엄마는 저 어릴 적부터 집안의 건강 지킴이였습니다. 밥 먹고 나면 항상 비타민C, 칼슘 등 영양제를 꼭 챙겨주시곤 했어요. 채소를 잘 안 먹는 자매들에게 당근 케이크를 직접 만들어주기도 하셨어요. 우리 가족을 항상 잘 챙겨주셨고 지인들에게도 잘 대해 주셨습니다. 엄마 주변 사람들은 엄마를 좋아했고 엄마도 친구나 지인을 만나면 기분이 좋아 보였습니다.

그랬던 엄마가 상담 공부를 하다 뇌파를 알게 되었을 때 신세계를 경험했다는 표현을 하셨습니다. 그 당시만 해도 뇌파는 너무 생소한 것이었지만 비교적 간단한 뇌파 측정을 통해 사람의 행동 성향, 정서 상태, 산만한 정도 등 다양한 것을 확인할 수 있고 뇌파에서 개선할 부분이 있다면 훈련을 통해 개선될 수 있고 보다 더 뇌 기능을 건강하게 바꿀 수 있다는 것에서 매력을 느끼셨습니다. 저는 엄마처럼 다른 이들에게 좋은 영향을 주는 사람이 되고 싶었습니다. 하지만 이상하게도 재미 하나 없어 보이는 저런 훈련 도구를 이용하고 싶지는 않았습니다. 머리에 뭔가를 찼다 뺐다 하는 번거로움과 짧지 않은 시간을 들여 앉아서 훈련을 거듭 반복해야만 하는 것이 너무도 싫었습니다. 엄마와는 완전히 다른 길을 가고 싶었습니다.

저는 어릴 때부터 작은 동물을 좋아했습니다. 곤충, 거북이, 햄스터, 앵무새 등 다양한 동물을 키워봤습니다. 처음 키운 반려동물은 십자매였습니다. 제가 5, 6살쯤 아빠가 퇴근길에 십자매 한 쌍을 가지고 오셨습니다. 어렸던 저는 마냥 그 작은 새를 좋아하고 관심을 가졌고 자주 물이나 먹이를 바꿔줬습니다. 하루는 만져보고 싶어서 새장 문을 열었다가, 새가 탈출해서 집안을 누비고 다녔습니다.

날이 흐린 어느 날, 십자매 한 마리가 시름시름 몸을 부풀리면서 앉아 있었습니다. 어린 저는 그 모습이 이상해서 부모님께 말했습니다. 학원을 가야 했던 저는 그 앞에서 얼른 나을 수 있도록 기도했습니다. 서틀버스를 타러 나가자마자 비바람이 불기 시작하기 시작했습니다. 그때 너무 걱정되고 마음이 무거웠습니다.

학원을 다녀와서 보니 한 마리가 결국 축 늘어져 무지개다리를 건넜습니다. 그날 저녁을 먹으면서 너무 슬펐지만, 밥은 먹어야 하니 울음을 꾹 참았습니다. 그리고 나서 아빠와 함께 십자매를 묻어주러 나갔습니다. 차가워진 십자매를 땅에 놓아, 흙을 덮는 순간 "이제 얘는 하늘나라에 가서 잘 살 거야"라는 아빠의 말에 펑펑 울었던 기억이 납니다. 제가 경험한 첫 생명의 죽음이자 이별이었습니다.

지금은 강아지 한 마리를 키우고 있습니다. 간장이입니다. 제가 간장이를 처음 만났을 때, 간장이는 한 번도 미용을 해본 적 없는 아주 꼬질꼬질한 검정 강아지였습니다. 마치 작은 삽살개 한 마리를 보는 것 같았습니다. 간장이는 기관지 협착과 슬개골 탈구로 한번 파양 당한 지 6개월 된 블랙 푸들이었습니다. 유독 우리 가족을 따르기에 집에 데려왔고 지금까지 함께 살고 있습니다. 당시 수의사 선생님은 간장이가 선천적으로 몸이 좋지 않아 오래 못 살 거라고 했는데 벌써 16년이 지나네요.

간장이는 점점 눈이 하얘지고 등이 굽어가고 뒷다리가 아파 걷기 힘들어 하는 노견이 되었습니다. 그럼에도 산책을 가면 어릴 때처럼 신나합니다. 눈이 잘 보이지 않고 걷기 힘들어해도 간장이가 너무도 좋아하기 때문에 꾸준히 산책시키게 됩니다. 단골 동물병원 선생님을 만날 때마다 복 받은 강아지라며 칭찬해 주십니다. 간장이를 키우면서 규칙적인 식사, 정해진 간식, 적정량의 약을 먹이고, 눈이나 비가 오지 않으면 거의 매일 산책을 시켰습니다. 물론 저도 피곤하거나 바쁘면 꾀가 났지만 이 작은 강아지가 평생 제 곁에 있을 것이 아니기에 후회가 남지 않기 위해 지금도 노력 중입니다. 오랫동안 간장이와 지내면서 배운 점은 애견도 오랫동안 건강하게 지내려면 키우는 사람의 꾸준함과 책임감이 있어야 한다는 것입니다.

그렇기에 자녀를 양육하는 것은 오죽할까? 라는 생각과 함께 무거운 마음을 갖게 됩니다. 어린 시절에는 그저 동물을 기르는 것이 좋았고 작은 생명이 움직이는 것을 보는 것만으로 늘 신기하고 재미있었습니다. 돌이켜보면 저는 저를 스스로 대하는 방법이 아직 서툴러 제가 키웠던 동물에게 투영했을지도 모릅니다.

아이의 잠재력을 깨우는
7가지 열쇠

## 02 작은 것들을 위한 시

　누군가 앞으로 무엇이 되고 싶냐고 물으면 망설임 없이 사육사 같은 동물과 관련된 일을 하고 싶다고 말했습니다. 그러다 고등학생 때 동물매개치료라는 학문을 처음 알게 되었습니다. 동물과의 유대감과 정서적 교감을 통해 사람의 심리적 안정을 돕는 치료 학문을 알게 되었는데 낯설지만 끌렸습니다. 그래서 대학교도 관련 학문을 배울 수 있는 '애완동식물학과'를 전공으로 입학하게 되었습니다.

　모든 일이 순조롭게 풀리는 것 같았습니다. 그런데 학교생활을 하다 보니 문제가 생겼습니다. 동물 관련해서 여러 이론 공부와 실습을 하게 되는데 실험동물 해부 및 실습은 저에게 너무 끔찍했습니다. 살아있는 쥐나 래트를 마취시킨 후 해부하고 처리하는 과정은 너무 무서웠고 잔인하게 느껴졌습니다. 교육 목적으로 그 동물들이 죽어야 하는 장면은 머릿속을 떠나지 않았습니다. 고기 먹는 것조차 죄책감이 들어서 한동안 밥도 잘 먹지 못하기도 했습니다. 그래서 수업에 가지 않는 날도 있었습니다. 애견 미용 및 동물 관리 실습을 하는 날도 이상하게 실습 대상인 동물을 만지고 싶지 않았습니다.

　동물이 저를 물까, 무서운 것도 있었고, 관리되지 않은 특유의 냄새가 거북했습니다. 그때 저는 모든 동물을 좋아하는 줄 알았는데, 내가 키우는 동물에게만 관심이 있었구나! 라는 걸 알게 되었지요. 깨달음과 동시에 막막한 마음이 들기도 했습니다. 그렇다면 나는 도대체 무엇을 좋아하는 거지? 대학 시절 가장 컸던 고민이었습니다.

그 당시 학교 수업 외로 활동하던 동물매개활동 봉사 동아리가 있었습니다. 봉사활동을 하면서 초등학교나 복지관에서 사람들을 만나는 게 즐거웠습니다. 어느 날 장애인복지관 주관으로 성인 발달장애인을 대상으로 진행하는 동물매개활동 프로그램이 개설되었길래 동아리 봉사활동을 갔습니다. 복지관 프로그램을 담당하는 사회복지사가 있었습니다. 그분이 여러 장애인에 대한 정보를 동아리원에게 꼼꼼히 알려주셨습니다. 프로그램 도중에 본인 기분이 안 좋으면 때리거나 할퀴는 행동을 하는 장애인 분께도 능숙하게 대처하는 모습이 멋지셨습니다. 그 모습에 저는 아동과 청소년 그리고 장애인 복지에 관심을 가지게 됐습니다. 3학년 때 사회복지학을 복수전공으로 다른 공부를 선택했습니다. 가장 흥미로운 과목은 '인간 행동과 사회환경'이었습니다. 이 수업에서 인간 성격의 형성과 발달 과정에 대해 알았습니다. 사람과 사회복지학을 배우면서 저는 더 시행착오만 반복하고 갈피를 못잡고 있었고 진로를 깊이 고민하게 되었습니다.

한편, 엄마는 계속 훈련 지도를 하고 계셨습니다. 엄마가 경험한 다양한 훈련 사례를 알려주셨습니다. 게임 중독이던 아이가 훈련과 상담을 통해 습관이 바뀌고 눈빛, 태도가 달라져 부모님께서 눈물을 흘리며 감사해하신 일, 지능은 정상인데 말을 안 하는 아이가 말하게 되는 경우, 틱이 심한 아이가 틱 증상이 없어지는 등 뇌 훈련과 상담을 통해 아이들의 놀라운 변화 과정을 이야기해 주셨습니다. 그 이야기를 할 때 엄마는 세상 가장 행복해 보였습니다. 엄마 이야기를 듣다 보니 이상하게 점점 빠져들었습니다. 그리고 나도 그들처럼 더 나아지고 싶다는 마음이 생겼고 엄마처럼 좋은 영향을 주면서 행복한 사람이 되고 싶었습니다. 내적 이해와 성장이 필요하다고 느껴 자연스레 심리상담에 관심이 갔습니다. 상담 공부를 하면 나도 변할 수 있을 것 같았고 엄마처럼 주변에 좋은 영향력을 줄 수 있을 것 같았습니다. 저는 졸업 후, 연세대학교 연합신학대학원의 상담 전문과정으로 다시 입학하면서 본격적인 상담 공부를 하게 되었습니다.

그 무렵에 엄마는 본격적으로 뇌 훈련 상담센터를 운영하기 시작했습니다. 센터를 확장하면서 아이들의 훈련 지도를 할 사람이 필요하여, 본격적으로 엄마와 일을 하게 되었습니다. 엄마는 다른 가정을 돕는 와중에 가족도 소홀히 하지 않으셨고 정말 대단하셨습니다. "과연 나라면 엄마처럼 할 수 있을까?" 덕분에 엄마를 더욱 이해하게 되었고 저도 이 일에 대해 점점 책임을 갖게 되었습니다.

센터에 오는 아이들과 보호자는 학습 능력 향상을 목적으로 올 경우도 있지만, 평상시보다 뭔가 불안정하다고 느끼거나 스스로 해결하기 어려워 도움이 필요한 상태이기 때문에 저의 언행이 그들에게 어떤 영향을 줄지 모르기 때문에 조심스러웠습니다. 그래서 처음 일을 배우고 시작할 때는 굉장히 막연했습니다. 그동안 엄마가 어떻게 아이들에게 드라마틱한 변화를 볼 수 있게 했는지 궁금했습니다. 그리고 뇌 훈련 도구가 어떻게 우리의 뇌를 변하게 만드는지, 어떻게 훈련을 통해 사람마다 다른 효과를 보일 수 있는지 계속해서 의문이 들었습니다. 왜냐하면 정적이기 때문에 자칫 지루해질 수 있고, 지속적인 반복 훈련을 통해야만 효과를 볼 수 있어 훈련 과정이 그리 재미있지 않기 때문입니다. 그럼에도 저에게 놀라운 경험을 준 아이들 덕분에 지금의 제가 있었습니다.

처음 저에게 뇌 훈련의 믿음을 준 아이는 청각 장애로 보청기를 착용하던 서준이(가명)입니다. 서준이는 의사소통이 원활하지 않아 가족들과도 대화가 잘 안됐고 학교 수업도 따라가지 못했습니다. 온종일 방에서 핸드폰 게임만 했고, 청소년인데도 시간 개념이 없어 항상 어머니가 어디를 다녀오라고 해야만 움직이는 아이였습니다. 서준이는 별다른 일이 없으면 거의 매일 2시간 정도 훈련을 했습니다. 저는 3년간 400번 정도 만났습니다. 서준이를 처음 만났을 때 어떻게 친해져야 할지 고민이 참 많았습니다. 의사소통이 잘 안되니 몸짓으로 하다 결국 제가 수어를 배워 훈련을 지도했습니다. 센터에 들어올 땐 웃으면서 들어오다가 오랜 시간 동안 어려운 훈련을 하다가 인상을 찌푸리며 귀가했던 적도 많았습니다. 서준이는 특히 컨디션에 따라 훈련 집중도에 큰 차이가 났기 때문에 일관성 있는 훈련을 지도하려면 인내심이 많이 필요했습니다.

서준이의 훈련 성취도는 3개월이 됐음에도 항상 한 자릿수로 매우 낮았습니다. 가끔 보청기 문제로 훈련이 중단된 적도 있어 초보 훈련사인 저는 당황했습니다. 처음 서준이의 훈련을 지도하면서 과연 변할 수 있을까? 어떻게 변하게 될까? 궁금했습니다. 훈련한 지 4개월쯤 지났을 때였습니다. 서준이 어머니께서 최근 서준이가 엄마 말을 더 귀담아듣고 엄마와 소통하기 시작했다고 하셨습니다. 마침 서준이의 뇌파 성취도는 10점대로 올라가기 시작했고 드디어 집중력 훈련을 시작할 수 있게 된 시점입니다. 그날은 저의 의구심이 확신으로 변하게 된 날이었습니다. 뇌 훈련을 하면 정말 좋은 쪽으로 바뀔 수 있고 훈련 성취도가 반영된다는 것을 확인하였습니다.

그렇게 확신을 가지고 저는 더욱이 열심히 서준이를 지도했습니다. 서준이는 집중력이 나날이 좋아졌고 이후에 학습 능력 향상에 초점을 두어 훈련을 지도한 결과, 시간 개념이 생기고 엄마의 심부름을 다녀오기도 하는 등 크고 작은 변화가 나타났습니다. 3년 후에는 학교 성적을 크게 올라 장학금을 받게 됐고 부모님께서 감사 인사를 하셨습니다. 제게 이 경험은 재산이자 선물입니다. 말로만 듣던 엄마의 사례를 제가 직접 겪게 됐으니까요. 어떻게 이런 놀라운 결과가 나왔을까요? 바로 '뇌 가소성' 때문입니다. 뇌 가소성이란 뇌신경이 고정되어 있지 않고 계속 변화한다는 뜻입니다.

뇌신경과 전문의 신동선은 〈재능을 만드는 뇌신경 연결의 비밀〉에서 뇌 가소성과 뇌신경 연결의 메커니즘에 대해 "재능은 뇌신경 연결의 구성 단위인 모듈이고, 노력은 뇌신경 연결조합을 변화시키는 것"이라고 말합니다. 우리가 집중력을 높이고 싶고 책을 더 잘 읽고 싶고 글을 잘 쓰고 싶다면 뇌신경 연결 상태가 바뀌는 것입니다. 우리의 모든 변화의 중심에 뇌가 있듯, 뇌신경 연결변화는 그 변화의 핵심입니다. 따라서 '내가 변한다'라는 것은 '뇌신경 연결 상태가 변한다'라고 해석할 수 있습니다. 뇌 가소성의 원리는 반드시 반복 자극이 필요하며 뇌 가소성을 만드는 세 가지 공통점을 아래와 같이 제시합니다. 해당 뇌신경에 대한 정확한 반복 자극이 꼭 필요하다. 반복 자극되면 서서히 변화한다. 한 번 변화하면 오래간다. 오랫동안 우리의 뇌는 결정적 시기 이후에 크게 변하지 않는다는 주장이 지배적이었습니다. 물론 아동의 뇌 발달 단계에서 언어, 애착과 같은 다양한 영역에 따른 민감기와 결정적 시기도 중요하게 봐야 합니다. 그렇지만 그 시기를 놓쳤다고 하여 우리 뇌가 아예 변하지 않는 것은 아닙니다. 바로 뇌 가소성 때문입니다.

소리를 잘 들을 수 없어 의사소통이 어려웠던 서준이에게 뇌 훈련 소리에 주의를 기울일 수 있도록 유도하고 훈련 화면을 볼 수 있도록 수년간 지도

했습니다. 뇌파 훈련의 정확한 반복 자극에 대해 집중할 수 있도록 한 것이지요. 처음에 화면을 거의 보지 않고 저와 놀려고 하고 때론 짜증도 내고 잠을 자려고 했습니다. 그런데 아이는 조금씩 훈련 시간에 집중하기 시작하고 기억력 및 주의력 훈련의 성취도가 올라가기 시작했습니다. 그 시기에 맞물려 집에서도 학교생활을 하면서도 대화가 원활해지고 학습이 가능해지기 시작했어요. 여기까지 짧은 시간이었습니다. 최소 3개월이 걸리고 안정적으로 유지가 되기 위해선 1년 이상이 걸립니다. 너무 길게 느껴질 수 있겠지만 이렇게 연결하여 변화된 뇌 신경망은 오래 유지됩니다. 뇌신경 연결의 변화는 정말 조금씩 나타납니다. 그리고 변화가 지속되면 연결망은 단단해집니다. 이러한 변화는 행동으로 나타납니다. 저는 수년간 서준이 같은 아이들을 만나면서 다양한 변화를 경험했습니다. 이로써 반복하면 변할 수 있다는 확신이 생겼습니다.

## 03 정서 + 정서 = 집중력

안정적인 정서는 집중력의 기초가 됩니다. 제가 주로 만나는 아이들은 공부에 집중하지 못하는 아이들이 많습니다. 몸을 계속해서 움직이고 보호자의 말을 귀담아듣지 못하기도 합니다. 학교에서 집중을 못하고 친구와 자주 다투거나 선생님께 지적을 받는 아이들도 많습니다. 그래서 가정에서 갈등이 생기기도 합니다. 뇌파검사 결과를 보면 이런 아이들이 걱정과 불안이 많고 뇌파가 과활성되어 충동 조절이 안 되는 경우 등 부정적인 결과가 다양합니다. 많은 아이의 뇌파검사를 진행하면서 단순히 집중력 자체에 문제가 있기보다 불면에 시달리거나 불안과 긴장감이 높다는 이유로, 표면적으로는 집중력이 떨어져 보이는 아이들이 많다는 것을 알게 됐습니다. 기질적인 요인, 환경적인 요인 등 원인은 다양하지만 지금 당장 과도하게 불안하고, 예민하고 잠을 못 자는 아이들이 많습니다. 안타깝게도 아동은 본인이 불안과 긴장이 높아도 스스로 인지하기 어렵습니다. 그리고 아이가 그런 상태를 표현하는 것이 잘 안되면 짜증이나 화를 내는 등 감정적으로 행동하는 경우가 많습니다.

이런 아이들의 행동은 뇌의 영역 중 전두엽과 관련이 깊습니다. 전두엽은 계획, 판단, 추상적 추론, 창의성, 고차원적 사회적 행동 등 다양한 역할을 합니다. 충동 조절 또한 전두엽과 밀접한 연관이 있습니다. 전두엽은 3, 4살 무렵부터 시간 감각과 자신을 제어하는 능력 즉 자기조절능력이 자리를 잡게 되는데 이 시기에 적절한 자극이 없으면 제 기능을 하기 어려울 수 있습니다. 또한 과하게 불안하거나 우울하면 전두엽이 제 기능을 할 수 없어집니다. 전두엽은 10세 후반까지 발달하여 20대에 완성되기 때문에 아이의 성장 과정에서 집중력의 저하, 감정 조절의 어려움 등 문제행동이 나타나면 여러 활동을 통해 뇌 발달을 도와야 합니다.

지연이(가명)는 초4 학년으로 학교에서는 큰 문제가 없어 보였으나 숙제나 학습 집중도가 많이 떨어졌습니다. 교내에서는 동갑 친구를 사귀기 어려워하고 2, 3살 어린 동생들과 어울렸습니다. 뇌파검사 결과 긴장도와 불안이 높았고 이 때문에 학습 효율이 떨어지고 사회성이 낮게 나왔습니다. 긴장이 높은 아이들이 이완 연습 과정에서 자주 졸기도 하는데 지연이는 정말 자주 졸았습니다. 어느 날 작업기억 훈련 중에 어깨가 바싹 올라가 긴장하면서 정말 약하게 일시적으로 큼큼, 목기침을 했습니다. 이 증상은 보호자도 모를 정도로 약하고 빈도가 낮았습니다. 그날은 친구와 다투어 많이 속상해한 날이었습니다. 그때부터 이완훈련에 더욱 집중했습니다. 아이가 훈련을 힘들어할 때는 함께 그림을 그리기도 했는데, 지연이가 그림을 너무 잘 그려서 깜짝 놀랐던 적이 있습니다. 사람을 그릴 때 선이 섬세했고, 손을 그렇게 잘 그리는 아이는 처음 봤습니다.

"이야, 지연아, 너 그림 진짜 잘 그린다."
"아네요. 저 그림 잘 못 그리는데…대칭도 잘 안 맞고."
"아니야 이것 봐. 나도 열심히 그렸는데, 손이랑 눈이랑 우리 지연이가 더 섬세하게 표현했는데?"
"그런가요? 하하."

아이의 잠재력을 깨우는
7가지 열쇠

지연이는 그림 실력에 비해 매우 낮은 자신감을 보였습니다. 저는 무엇이 자신감을 스스로 낮춰놨을까? 어떻게 하면 자기 장점을 인정하고 자신감을 높일 수 있을까? 깊이 고민했습니다. 지연이는 이후에도 저와 훈련하면서 종종 그림을 그렸습니다. 어느 날은 자기가 그림을 잘 그리는 것 같다고 얘기하면서 그림 실력 덕분에 친구들도 많이 사귀게 되었다고 말했습니다. 지연이도 2, 3년 훈련을 진행했는데 틱도 없어지고 일상에서 덜 긴장하면서 훨씬 편해졌습니다. 아이는 자기표현도 더 잘하고 친구들도 많이 사귀게 됐습니다.

'불안'이라는 정서는 불쾌하지만 사람이라면 당연히 가져야 하는 자연스러운 상태입니다. 가끔 우리도 불안감을 조절하기 어려운 때가 있습니다. 그래서 이 같은 경우는 언제든 생길 수 있습니다. 다행히 이 경우 보호자의 관심으로 빨리 개입이 된 경우이고, 만일 아이가 더 악화가 된 상태로 저를 만났다면 오래 훈련하거나 다른 치료를 하게 됐을 수도 있겠습니다.

또 다른 아이, 채민이는 초등 1학년 여아였습니다. 채민이는 수업 시간에 집중하지 못하고, 수업 시간에 짝꿍을 때리거나 물건을 망가뜨리는 등 다소 위험한 행동을 하여 센터에 오게 됐습니다. 채민이를 처음 만났을 때 또래에 비해 체격이 작고 말랐습니다. 채민이를 검사할 때 5세 정도의 아이가 긴장하면 보일만한 행동이 나타났고 검사 결과는 당연히 좋지 않았습니다. 채민이는 주의 집중 저하보다는 불안과 긴장이 매우 높아 뇌 안정성 자체가 매우 낮았습니다. 또한 잠을 깊게 자지 못했고 밥도 잘 먹지 않았습니다.

채민이는 3, 4년 정도 매주 2~3회 만났는데 처음 훈련했을 때는 공격성이 높은 5살짜리 아이를 훈련하는 것과 비슷한 느낌을 받았습니다. 그래서 6

개월 정도는 저도 긴장을 늦출 수 없었습니다. 채민이는 제 말을 따라 하거나 반복 질문을 하는 등 반향어가 나타났고, 훈련 성취도가 낮아도 속상해서 화를 내기도 했습니다. 성취도가 잘 나와서 칭찬해 주어도 더 높은 점수가 나왔어야 한다며 화를 내거나 공격성을 보이는 등 일반 아동이 보이는 모습과는 달랐습니다. 채민이에게는 성취도(목표 점수)에 대한 기준이 없었습니다. 채민이는 훈련 중에 컴퓨터나 키보드를 손으로 내려치기도 하고, 가끔은 분을 못 이기고 제 얼굴이나 손목을 때리거나 할퀴기도 했습니다. 문제는 그런 행동에 일관성이 없어 예측이 어렵다는 것입니다.

채민이는 학교생활과 집중력의 어려움으로 센터에 오게 되었지만 제가 본 채민이는 애착의 손상으로 인해 전반적인 발달이 지연된 것으로 보였고, 훈련과 함께 모래놀이, 인형 놀이, 그림 그리기 등을 다양한 활동을 병행했습니다. 모래놀이에서는 약 1년간 갑자기 모래를 저에게 흩뿌리고, 그림을 그릴 때는 본인이 생각하는 형태가 나오지 않아 종이를 찢어버리거나 색연필로 벅벅 색칠해서 덮는 모습을 자주 봤습니다. 때로는 인형을 예뻐하다가 갑자기 혼내거나 때리고 똥을 먹이기도 했습니다. 저는 채민이와 함께 채민이의 감정에 대해 알아가고 자연스럽게 감정 표현을 할 수 있도록 도왔습니다. 그리고 해선 안 되는 행동에 대해서는 명확하게 알려주며 뇌 훈련을 진행했습니다. 저는 채민이를 만나면서 정서적인 조절이 원활하게 되지 않으면 긴장과 이완이 조절되지 않는 것은 물론이고 집중력을 발휘할 수 없고, 학습을 원활하지 않다는 걸 알게 됐습니다.

채민이의 불안정하고 공격적인 행동은 처음에는 5분에 1회꼴로 나타났지만, 훈련을 거듭하면서 빈도수가 점차 줄었습니다. 2~3개월에는 10분에 1회, 5~6개월에는 20~30분에 1회, 1년 정도가 되었을 때는 90분에 1~2회 정도로 불안정한 행동이 거의 나타나지 않았습니다. 무엇보다 아이가 전보다 잠도 잘 자게 되고, 집중력도 많이 향상됐습니다. 아이가 2학년 땐, 담임 선생님이 수업 시간에 문제가 없다고 할 정도로 학교생활이 안정적으로 변했습니다. 지연이와 채민이 사례를 비교하면 공격적이거나 충동적인 행동의 조절 여부에서 차이가 있을 뿐, 공통으로 집중력의 저하 때문에 저를 만나게 되었고, 둘 다 과도하게 긴장하고 불안한 정서가 나타났습니다.

하버드 출신 교육 전문가가 출간한 〈하버드 집중력 수업〉에서는 학생과 부모님이 높은 집중력과 좋은 습관을 기를 수 있도록 돕는 Me5라는 집중력 모델이 제시됐습니다. Me5 모델은 성장형 마인드셋(mindset)과 다섯 가지의 'e'로 구성되었고, 그 e의 다섯 가지는 감정(emotion), 효율(efficiency), 에너지(energy), 방해요소제거(elimination), 뉴로피드백 훈련(EEG)입니다. 책에서 공부와 일, 그리고 일상의 기본 조건은 좋은 심리 상태와 안정적 감정이고 감정을 이해하는 것부터 시작하여 다양한 감정이 생기는 원인과 처리하는 것이 중요하다고 말합니다. 그리고 뉴로피드백 훈련으로 더 빠르게 집중할 수 있고 집중 상태를 잘 유지할 수 있다고 합니다.

이듬해 저는 아이들 훈련 지도를 병행하면서 대학원에서 상담심리학 공부를 병행하고 있었는데 정서적인 안정성이 집중력에 큰 영향을 준다는 것을 실감했습니다. 그리고 이 책을 읽고 뇌 훈련이 어떻게 저와 아이들에게 정서적인 안정성을 도우면서 집중력을 높일 수 있었는지에 대한 실마리를 얻었습니다. 저도 어릴 적부터 걱정과 불안한 마음에 갇혀 주변을 살피는 능력이 부족할뿐더러 좋은 경험조차 충분히 누리지 못했던 모습이 있습니다. 어릴 적 저는 제 마음 속에 족쇄를 하나 만들어서 짊어졌습니다. 그래서 때때로 수없이 걱정하고 어떤 상황을 대비하기 위해 좋지 않은 결과부터 생각하기도 했습니다. 가끔은 이 족쇄가 너무 버거워서 현재를 살아가기 어렵게 만들고 행동할 것들을 계속 미루게 하기도 했습니다.

하지만 족쇄를 무겁게 만들지, 가볍게 만들지는 저의 결정에 따라 달라진다는 걸 알게 되었고, 이 족쇄를 다루는 법을 알게 되었습니다. 그래서 저도 아이들과 마찬가지로 그런 마음이 들 때마다, 훈련하며 족쇄의 무게를 줄여가는 연습을 합니다. 일종의 저만의 마음챙김이기도 합니다. 저는 훈련을 지도하면서 아이들에게 있는 감정이나 마음이 어떤 것인지 알아가며 서로 마음을 어떻게 느끼는지 또 어떻게 처리할 것인지 나누는 시간을 가집니다. 저는 뇌 훈련을 하면서 아이들도 함께 그런 과정을 알아가고 있다고 생각합니다. 반복을 정말 싫어하는 아이들도 종종 저에게 뇌 훈련이 재밌다고 합니다. 그런 말을 들으면 보람과 함께 아이에게 고마움마저 듭니다.

아이의 잠재력을 깨우는
7가지 열쇠

## 04 산만한 우리 아이, 설마 ADHD?

"어머니, 송은이 ADHD 검사 좀 받아보세요."

중학생 때, 담임 선생님이 엄마에게 저의 ADHD 검사를 권유하셨다고 합니다. 엄마가 담임 선생님께 그 말을 들은 지 10년이 지났을 때 그런 말들이 오갔다는 사실을 알았습니다. 그때 엄마는 마음은 불편했지만 정말 ADHD 일까를 걱정하진 않았다고 하십니다. 요즘은 ADHD가 많이 익숙한 말지만 15년 전만 해도 그렇지 않았습니다. 그때는 학교 상담실에 다녀오는 것만으로도 친구들 사이에선 '뭔가 문제가 있는 애'라는 인식이 있었습니다. 그랬기엔 상담실 자체가 저에겐 폐쇄적인 느낌이 들었습니다. 당시 담임 선생님이 무슨 이유로 그런 말씀을 하신 지는 지금도 잘 모르겠습니다.

**ADHD는 주의력결핍**

과잉행동장애(Attention deficit/hyperactivity disorder)의 줄임말로 많은 익숙한 용어이기도 합니다. ADHD의 구체적인 행동 특성은 DSM-5의 진단 기준에 제시돼 있습니다. 증상의 특징은 부주의와 과잉행동 및 충동성이 대표적이며 진단 기준에 부합하는 양상이 6개월 이상 지속될 경우, 정신과 전문의를 통해 진단을 받게 될 수 있습니다. 부주의에 해당하는 영역은 일할 때나 놀 때 지속적인 집중이 어렵다, 타인이 말할 때 경청하지 않는 것으로 보인다, 정신적 노력을 요구하는 과업에 참여하기를 피하거나, 싫어하고, 저항하는 모습을 보인다, 등의 다양한 기준이 있습니다. 충동성에 해당하는 영역은 앉아 있도록 요구되는 교실이나 다른 상황에서 자리를 떠나는 행동을 보인다, 지나치게 수다스럽다, 차례를 기다리지 못한다, 타인의 활동을 방해하고 간섭한다, 등이 포함됩니다.

돌이켜보면 과거의 저는 주의력결핍 우세형 ADHD로 보였을지도 모르겠습니다. 학교에 다니면서 문제를 일으키거나 수업 시간에 지적받진 않았지만, 공부를 굉장히 하기 싫어하고 힘들어했습니다. 또한 숙제나 수행평가는 몰아서 하고 높은 점수를 받지 못했습니다. 당시 저는 컴퓨터 게임을 하거나 만화책을 읽는 등 일종의 현실 도피를 즐겼습니다. 제가 현실이 만족스럽지 않았거든요. 청소년기에 동생이 갑자기 아팠습니다. 긴 투병 생활로 가족 모두가 너무 힘든 상황이었습니다. 저는 친구들과도 깊게 친하지 않았고 저의 힘듦을 아무에게도 쉽게 말하지 못했습니다. 항상 친해지고 싶은 맘은 있었지만 누군가를 믿는 게 서툴고 어려웠고 그래서 외로웠습니다.

방과 후에 근처 분식집에서 친구들과 떡볶이를 먹으면서 친해지고 싶었지만 뜻대로 되지 않아 전전긍긍했습니다. 그렇게 고등학생이 되어서도 친구와 잘 지내려고 애썼습니다. 과거의 저는 학창 시절 항상 긴장하고 걱정하고 있었습니다. 만약 잠시라도 제가 과거의 저와 만날 수 있다면 세상 따뜻하게 안아 주고 싶습니다. 그리고 '네가 생각하는 것보다 너의 주변에 좋은 어른들이 참 많다, 때로는 마음을 열고 도움을 요청해'라고 말해주고 싶습니다.

ADHD의 보편적인 치료 방법은 약물 치료인데 메틸페니데이트와 같은 약물 치료를 진행하게 된다면 일반적으로 뇌의 각성을 높여주어 주의-집중력이 향상되어 학습 성취도를 높일 수 있습니다. 하지만 간혹 식욕 저하 및 성장 지연 등 부작용이 있을 수 있습니다. 이처럼 뇌의 발달 및 각성 상태에 따라 오히려 약물이 맞지 않기도 합니다. 진단과 치료는 전문의 선생님이 결정하기 때문에, 아이들이 진단이나 질병이 있는 경우 더욱 조심스럽게 접근하려고 합니다. 저는 내담자가 정신을 포함한 건강 상태가 위험하거나, 일상에 지장을 준다면 약물 등 다양한 치료가 필요하다고 생각합니다. 치료와 더불어 나의 식습관 및 수면 등 생활 습관에서 개선해야 할 점이 있다면 스스로 바뀔 수 있도록 노력해야 합니다.

아무튼 공통으로 현재와는 다른 무언가 변화가 필요하다는 건 확실합니다. 그리고 ADHD와 관련된 약뿐만 아니라 모든 약에는 부작용이 있습니다. 어떤 경우에는 약물 의존성이 생길 수 있습니다. 그래서 장기적으로 약물 치료를 하는 상황이 온다면 전문의와 GODIN 합니다. 저도 식이요법이나 운동과 같은 방법으로 개선할 수 있음에도, 약에 안주하여 그저 일상을 살아온 적이 있습니다. 호르몬의 불균형으로 진단을 받은 적이 있어 약물치료를 했습니다.

치료를 한 지 1년쯤 됐을 때 의사 선생님이 장기적인 약 복용이 몸에서 특정 물질을 안 만들 수도 있으니, 휴약기를 가지면서 식이요법을 병행하는 것이 좋다고 알려주셨습니다. 나 자신과 주변 환경이 바뀌지 않는다면 약물 치료를 받는 동안에만 효과를 보거나 오히려 역효과가 날 수도 있겠더군요. 저는 집중력과 학습 능력을 높이기 위한 목적으로 아이들도 만나지만 ADHD 등의 진단을 받아 약물 치료를 받는 아이들도 있습니다. 진단을 받았지만 부작용 등의 이유로 약물 치료를 하지 않는 아이들도 봅니다. 간혹 약물 치료를 받는 것 자체로 주눅 들거나 자존감이 낮아지기도 합니다. 저는 아이와 보호자에게 약물 치료를 받는 것 자체에 대해 부정적이거나 낙담하지 않으면 좋겠다고 말씀드리고 싶습니다. 약물 치료를 받고 싶어도 부작용으로 고통스럽게 살아가는 사람들도 있다고 알려줍니다. 치료 전과 지금을 비교하여 어떤 것이 나은지 계속해서 아이에게 확인시켜 줍니다. 그리고 본인에게 맞는 약물 덕에 일상생활을 할 수 있다고 알려주고 심신을 돌보는 방법 등을 함께 찾아봅니다.

　소희(가명)는 중학생으로 학교 수업에 집중이 안 됐고, 학습 능률이 오르지 않아 고민이 많았던 아이입니다. 그래서 병원에서 가게 되었는데 ADHD 진단을 받아 약물치료를 시작하게 되었습니다. 그런데 몇 달간 소희는 약물치료에 대해 효과를 보지 못하여 어머니와 함께 저를 만나게 되었는데요. 소희가 뇌 훈련에 대해 반신반의했던 모습이 기억납니다. 10~15회 정도 훈련을 진행하면서 수업 시간에 집중이 잘되는 것을 경험했습니다. 소희는 스스로 공부해야 하는 시간에 한 시간도 안 돼 집중이 흐트러져서 고민이 많았는데 어느 순간부터 3시간 이상으로 늘어났고, 더 열심히 훈련하게 됐습니다. 그 결과 교내에서 우수한 성적을 거두었습니다.

　문규(가명)도 초등학교 1학년 때 ADHD 진단을 받았지만, 식욕 부진과 불안 같은 부작용으로 1년 이상 저와 훈련을 진행했습니다. 훈련을 처음 할 때 가만히 있는 것을 정말 힘들어했습니다. 10초 이상 침묵 유지가 어려워, 쉬지 않고 재잘재잘 말을 하고 손을 끊임없이 움직이는 아이였습니다. 가끔은 컨디션이 안 좋아 훈련이 힘들다고 느끼면 하기 싫다고 키보드나 책상을 두드리면서 신경질을 부리기도 했지요. 그럴수록 문규의 마음을 읽으려 노력하되, 위험하거나 하지 않아야 할 행동에 대해서는 단호하게 알려줍니다.

다행히 문규는 처음부터 자발적으로 착석이 되었습니다. 하지만 착석 후 훈련에 집중하기까지 길게는 30분이 걸리기도 했고, 컨디션에 따라 집중하는 것의 편차가 너무 컸습니다. 그리고 집중을 하다가 몇 초 지나지 않아 저를 쳐다보며 바로 질문을 하거나 장난을 쳤지요. 다행히 훈련을 지루해하기도 했지만, 저를 많이 따랐습니다. 그래서 훈련을 지도할 때 힘이 났던 고마운 아이였습니다. 아이는 훈련을 30회 정도 했을 때, 훈련 시작 후 10분 이내로 집중하게 됐습니다. 훈련 화면을 보고 소리에 귀 기울이는 등 집중 지속 시간이 5분 이상 늘어났습니다. 이 시간에 변화가 보이면 아이들은 일상생활에서도 변화가 나타납니다. 문규는 집에서 숙제할 때마다 어머니와 실랑이를 벌이느라 시간을 보냈다고 합니다. 그런데 훈련을 통해 책상에서 집중하는 시간이 늘어나자 어머니가 좋아하셨습니다.

저는 약물 치료 없이 뇌 기능이 좋아져 효과를 본 아이들도 많고, 약물을 줄여가면서 뇌 기능을 회복한 아이들도 많이 봤습니다. 하지만 모두 그렇게 효과가 드라마틱한 것은 아닙니다. 이 결과는 수개월 혹은 수년에 걸쳐 나타난 것들입니다. 이 때문에 훈련을 고려할 때는 훈련 시간과 에너지 등을 고려해야 합니다. 그럼에도 생활 습관, 보호자의 환경 지지 및 개선, 훈련사의 방향성 설정 이 세 박자가 맞는다면 조금씩 뇌가 변하고 행동으로 나오기 시작합니다.

## 05 오늘을 넘어 내일로

저는 주로 센터에서 아이들 훈련을 지도했습니다. 제가 훈련을 지도하는 동안 엄마는 보호자 상담과 코칭을 주로 진행합니다. 뇌를 빠르게 안정화 되도록 돕기 위해서 아이들의 양육 환경과 생활 습관 점검과 개선이 너무도 중요합니다. 생활 습관을 점검하는 항목은 정말 뻔합니다. 크게 수면, 운동, 영양을 체크합니다. 그리고 또 한 가지 확인하는 것은 바로 스마트폰 사용 시간입니다. 저는 자녀가 집중력이 떨어지거나 감정 조절의 어려움 등의 증상을 보인다면 일단 가정에서 수면, 운동, 영양, 스마트폰을 반드시 점검하고 필요한 경우 적극적으로 개입해야 한다고 생각합니다.

〈미래수업 - 신인류 알파세대의 등장〉에서 정신건강의학 전문의 노규식 선생님은 알파세대 아이들의 온라인 활동 시간이 증가하면서 집중력이 짧아진 점을 지적합니다. 그리고 스마트폰 중독된 아이들은 전두엽의 기능이 저하되고, 시각 정보를 처리하는 후두엽만 활성화되어 뇌 발달의 불균형을 초래합니다. 여기서 문제는 아이들의 뇌는 발달 과정에서 골든타임을 놓치고 스마트폰에 익숙해진 채 자란 뇌를 복구하는 것은 거의 불가능하다고 합니다. 스마트폰 자체만으로도 뇌 발달의 불균형을 초래하고 이것으로 수면시간이 박탈되거나 불안정해진다면 뇌의 안정성이 떨어지는 것은 시간문제입니다.

아이의 잠재력을 깨우는
7가지 열쇠

우리는 이미 깨어있는 동안 스마트폰을 놓지 않고 눈과 뇌를 쉬지 않는 일상을 살고 있습니다. 때로는 잠자는 시간을 줄여가며 게임이나 미디어 시청을 합니다. 저 같은 성인에게도 고민되는 일인데 아이들처럼 뇌 발달이 안돼서 자기조절이 미숙하다면 오죽할까요? 말을 못 하는 아기들도 미디어를 보는 것이 일상이 되어 버린 시대입니다. 이미 우리는 너무 많은 미디어 노출에 익숙해졌고, 아이들은 이런 환경이 익숙해지다 못해 이제는 스마트폰이 없으면 생활이 힘들 수밖에 없는 상황에 놓여있습니다. 저는 보호자들에게 자녀와 함께 활동할 시간을 가지라는 말씀을 꼭 드립니다.

센터에 오는 아이 중 스마트폰 사용 시간이 높은 아이들이 많습니다. 하루 3~4시간 사용하는 것은 양호한 수준이고, 12시간 이상 스마트폰이나 미디어 시청을 하는 아이도 있습니다. 이런 경우 정말 하루 종일 스마트폰을 본다는 말이 과언이 아니지요. 보호자께 아이들의 스마트폰 사용 시간을 규제하고 그 시간에 창작활동, 독서, 야외 활동 등을 함께 하도록 제안합니다. 〈시사기획 창 - 중학생의 뇌가 달라졌다〉에서 스마트폰 사용의 경각심을 말하고 있습니다. 미국 10대의 스마트폰 사용량이 3시간이 넘으면 자살률이 크게 늘게 된다고 합니다. 해결책을 찾고자 덕양 중학교와 연세대 의대 정신과학 교실이 실험을 진행했습니다. 미디어 절제 프로그램에서 3개월의 실험을 신청한 아이들에게 폴더폰을 사용하게 하고 매달 전두엽 측정 장치로 활성도를 측정한 결과, 자기조절 능력과 자기 억제력이 증가하고 정보처리의 효율성이 증가한 것으로 나타났습니다. 아이들이 3달간 스마트폰을 쓰지 않았을 뿐인데 전두엽 기능이 향상됐습니다.

그런데 저는 이 실험의 지원과 성공 비율에 초점을 두었습니다. 이 학교에서 실험에 지원한 학생은 200명 중 16명이고, 그 16명 중에서도 중간에 포기하지 않고 성공한 아이들이 7명입니다. 전교생을 따지자면 5%만이 성공한 것입니다. 실제로 이 실험에 자발적으로 지원한 아이들조차도 적응 과정에서 가족들과 큰 마찰이 있었다고 합니다. 저는 이 부분에서 모두가 과도한 스마트폰 사용이 좋지 않다는 사실을 알면서도 지속적인 조절은 참 어렵다고 느꼈습니다.

훈련을 지도했던 아이 중에 태준(가명)이가 있었습니다. 초등학교 3학년 때 스마트폰을 많이 사용했고, 그 결과 집중력이 낮아져 저를 만나게 되었습니다. 태준이의 스마트폰 사용 시간이 평균 8시간 정도였습니다. 저는 태준이와 합의하여 사용 시간을 일단 3~4시간으로 줄이는 것을 목표로 어머니께 가정에서 조절해 주고 스마트폰 이외에 대체 활동을 할 수 있도록 말씀드렸습니다. 어느 날 태준이가 훈련 중에 갑자기 울기 시작했습니다. 스마트폰 사용을 줄이는 것은 서로가 합의했지만 왜 자기만 이렇게 줄여야 하냐며, 저 때문이라고 저를 만나고 싶지 않다며 억울해했습니다. 처음엔 아이가 갑자기 울어서 어떻게 대답을 해줘야 할지 몰라 많이 당황했습니다.

저는 일단 상황 파악이 필요하여 일단 태준이의 입장에 대해 들어 봤습니다. 태준이의 가족들은 모두 쉬는 시간에 TV 시청이나 핸드폰을 봐 자기가 스마트폰을 하지 않는 시간에 뭘 해야 할지 모르겠고, 너무 심심하고 답답하다고 했습니다. 저는 태준이의 이야기를 들었을 때 일단 스마트폰 사용량이 줄어든 것은 물론이고, 그 시간에 갑자기 혼자 무언가를 하며 시간을 보내야 하니 어쩔 줄 모르는, 덩그러니 놓인 느낌을 받았을 것 같아 그 상황이 너무 힘들었겠다고 싶었습니다. 태준이 보호자에게 말했을 때 당황해하시면서 태준이의 입장을 동의하셨지만, 보호자조차도 스마트폰을 조절이 어려워 보였습니다. 가끔 태준이네처럼 자신에 대해서는 한없이 너그럽지만 자녀의 스마트폰 사용에는 엄격한 부모님도 있습니다.

따라서 저희는 아이가 안정적으로 훈련 효과를 볼 수 있도록 보호자 상담도 꼼꼼히 진행합니다. 아이의 상담을 통해 훈련의 효과가 빠르게 나타날 수 있도록 돕고 보호자 상담을 통해 그 훈련 효과가 가정에서도 유지될 수 있게 하기 위함입니다. 이 과정은 보호자와 아이들 모두가 함께 참여해야 하는 복합적인 일이고, 그 과정이 하루아침에 변할 수 있는 것이 아닙니다. 개인의 습관 하나 바꾸는 것도 어려운 일인데 가정이 바뀌어야 하니 얼마나 어렵겠습니까. 제 생각엔 다이어트 성공이 더 빠를 것 같습니다. 그렇기에 저는 이런 과정들을 통해 변화한 아이들을 보면 때때로 기적처럼 느껴지기도 합니다. 거듭되는 지루한 반복 훈련의 결과와 더불어 가정에서 보호자의 노력이 더해져 아이가 조금씩 변하는 과정을 제 눈으로 확인하면 보람을 느낍니다. 저는 아이들의 변화 과정을 보고 그 과정에 제가 동참했다는 것만으로도 일에 대한 큰 동력이 생깁니다.

저는 처음 뇌 훈련을 접했을 때는 그 기억이 좋지 않았습니다. 일단 훈련에 대한 불편함이 있었습니다. 훈련한다는 것 자체가 내가 집중력이 낮다는 것을 인정하는 것 같아 피하고 싶고 일단 귀찮고 성가셔 보이니 거부도 했었습니다. 아이러니하게도 스스로가 뇌 훈련을 하면 집중이 더 잘되고 도움이 된다는 것을 느끼고 있었습니다. 저의 지독한 귀차니즘으로 내일을 기약하며 장기간 훈련을 하지 않은 적도 있습니다. 그런데 몇 주간 훈련을 안 하면 티가 나더군요. 저는 잠을 뒤척이거나 책을 읽을 때 오랫동안 집중하기 어렵고 특히 스트레스에 취약해졌습니다. 결국 지금은 누가 말하지 않아도 꾸준히 훈련하고 기기가 고장이 나면 AS를 신청하고 있습니다.

저도 자발적으로 훈련하기 시작한 게 너무 오래 걸린 편이어서, 검사나 훈련에 대한 첫 경험을 정말 중요하게 생각합니다. 대부분 아이는 자기 의사와 상관없이 보호자의 욕구로 내원하는 경우가 많습니다. 그래서 아이들이 센터에 잘 모르고 왔다가 긴장하거나 짜증내는 모습을 많이 봅니다. 그래서 아이들을 처음 만나게 될 때 가장 집중하는 것은 검사나 훈련에 대한 거부감을 낮추는 것입니다. 저는 아이들을 처음 만나면 제 소개를 하고 무엇을 할지 알려줍니다. 그리고 아이에게 지금 느낌은 어떤지 등을 물으며 최대한 편안할 수 있도록 합니다. 그리고 뇌파가 무엇인지, 우리가 어떻게 검사를 어떻게 할 것인지 알려줍니다. 저는 5살 정도 되는 어린아이들도 이것이 무엇인지 알아야 장기적인 훈련에 도움이 된다고 생각합니다. 검사를 마치면 그 결과가 궁금한지 아이에게 물어보고 어떤 상태인지 이해할 수 있도록 알려줍니다. 그리고 보호자에게 어떤 부분에 도움을 줄 수 있는지 알려드리며 훈련의 원리와 결과 상담을 합니다.

저는 훈련의 첫 경험을 중요하게 생각합니다. 아이들이 훈련하며 받는 반복 자극에 빠르게 집중할 수 있도록 도와주고, 나아가 장기적으로 훈련할 수 있는 원동력이 된다고 생각하기 때문입니다. 욕심을 내자면, 저를 만난 아이들이 뇌 훈련에 대한 좋은 기억을 가졌으면 좋겠고, 아이들이 저와 비슷한 경험으로 인해 시행착오를 겪지 않았으면 좋겠다는 마음도 있습니다.

어느덧 엄마와 함께 일한 지 10년 정도 되었습니다. 지금도 함께 일하지만 센터에서는 방문 훈련보다 온라인 훈련에 대한 관리와 훈련생 교육을 중심으로 진행하고 있습니다. 그리고 저는 타 기관 발달센터에서도 다양한 연령대를 대상으로 훈련하고 있습니다. 가끔 지인들이 엄마와 일하기가 힘들지 않은지 물어봅니다. 제 대답은 YES or NO 중 NO입니다. 저는 어머니와 일하는 역할이 달라서 부딪히는 일은 거의 없었습니다. 일을 배우는 입장이라 일방적으로 꾸중을 많이 듣긴 하지만 다행히도 엄마와 사이가 틀어지지는 않았습니다. 엄마는 보호자 중심으로 상담하고, 저는 측정기기 및 PC 관리 및 정돈, 아이들 훈련 지도를 담당했기 때문에 서로 다른 관점에서 이야기하고 대부분 엄마가 수용하는 편이셨습니다.

아이들을 훈련하고 지도한 지 4년쯤 됐을 때, 타 기관의 발달센터로 출장을 간 적이 있습니다. 훈련사로서 첫 독립을 한 셈이지요. 많은 아이를 지도했으니 이제 훈련 지도 정도는 잘할 수 있겠다는 자신감도 생겼습니다. 그러나 보호자 상담 경험은 많지 않아 부담스러웠고 하나라도 잘못하면 어떡하지? 불안했습니다. 아니나 다를까 보호자 상담은 너무 어려웠습니다. 아이 훈련 지도로 끝이 아니라 아이들과 부모님의 상황, 그리고 전반적인 가정 환경을 고려하는 게 어려웠습니다. 제가 할 수 있는 일과 할 수 없는 일의 한계를 정하기가 힘들었습니다. 나 혼자 그런 가정 문제를 어떻게 도울 수 있을까? 몇 주간 계속 고민하다가 정신적으로 힘든 적도 있습니다. 초보 훈련사의 열정과 욕심이었지요. 그때 아이들의 입장, 보호자의 입장, 저의 노력 등 여러 상황을 고려하여 최적의 훈련 목표를 설정하기와 발맞추는 것이 정말 어렵다는 것을 깨달았습니다.

새삼 세 자매를 키우며 십여 년간 일을 하신 엄마가 정말 대단하다고 느꼈집니다. 어느새 엄마처럼 되고 싶었습니다. 대물림의 좋은 사례겠죠? 그래도 일은 일이고 가족은 가족인지라, 엄마는 아직도 제가 뒷정리를 안 하거나 게으른 모습을 발견하면 영락없이 잔소리를 하십니다. 그럼 저는 이 방은 내 공간이고 불편하지 않으니 그냥 방문을 열지 말라고 하며 괜히 지지 않으려고 하지요. 가끔 이런 사소한 일로 싸우고 서로 스트레스를 받다가, 각자 방에서 뇌 훈련을 한 적도 있는데요, 돌이켜보면 그 상황이 웃기기도 하네요.

이렇게 제가 뇌 건강에 관심을 가지게 된 이유는 엄마로부터 시작이 됐습니다. 그리고 무엇보다 지금의 제가 있기까지는 아이들과 보호자 덕분이지요. 이 일을 하면서 저는 점점 엄마를 이해할 수 있었습니다. 제가 만난 아이들은 저보다 더 일찍, 그리고 더 지독하게 반복적으로 뇌 훈련을 했습니다. 그리고 보호자들도 함께 변하고자 노력하셨습니다. 이런 여러 사람의 동기와 의지가 저를 성장시켰고 이 자리에 오게 했습니다. 오늘도 저는 땡-땡- 뇌 훈련을 하고, 땡-땡- 아이들의 뇌 훈련을 지도합니다.

### 참고자료

- 민성길, 김찬형. 최신정신의학. 일조각.
- 신동선. 재능을 만드는 뇌신경 연결의 비밀. 더 메이커.
- 장선난, 단스충, 왕즈신. 하버드 집중력 수업. 더 봄.
- 전경희, 원희욱 외. 뇌파와 뉴로피드백의 이해. 아카데미아.
- KBS시사기획 창. 244회 중학생의 뇌가 달라졌다.
- TVN, 미래수업, 신인류 알파세대의 등장.

## 2장 독서
# 저는 책을 그리는 사람입니다

박규리

## "아이들이 독서와 친숙해지게 만드는 귤쌤"

저 귤쌤은 Easy-Book&ECL 대표로 아이들에게 글쓰기와 마인드맵을 가르치는 독서지도 전문가입니다. 미술치료와 부모 교육도 병행하고 있습니다. 학부모님들은 '책 선생님'이라고 부르고, 아이들은 규리 쌤을 줄여서 '귤쌤'이라고 친근하게 부르고 있습니다.

저는 20년이란 시간 동안 매일 책과 함께하고 있습니다. 새 책 냄새를 좋아하고 활자를 좋아해요. 필사도 좋아해 노트에 정리를 해놓은 것만 30여 권이 넘는답니다. 글쓰기가 무엇인지, 글을 읽는다는 것이 어떤 것인지 항상 저에게 질문을 던집니다. 요즘 쓰는 필사책은 세계사 책이에요. 제가 필사할 때 가장 좋아하는 책이기도 합니다. 필사하다 보면 집중력이 향상되고 생각이 정리가 됩니다. 필사의 중요성을 알다 보니 아이들에게도 종종 쓰게 하고 있어요. 아이들은 필사를 좋아하진 않아요. 특히나 요즘 같은 시대에 노트필기를 하는 것 자체를 힘들어하는 경우도 많습니다. 하지만 필요성은 느끼고 있어요. 글을 쓰다 보면 머릿속에서 정리되고 이해되는 걸 경험하게 되거든요.

책을 통해 아이들과 대화를 나누면서 그들의 심리를 자연스레 알 수가 있습니다. 그러다 보면 더 세심하게 살피려 애쓴답니다. 말수가 적은 아이들에게는 부담을 주지 않으려 노력해요. 또 말수가 많은 아이들 얘기는 다 들어줄 수가 없으니, 적정선에서 이야기할 수 있도록 합니다. 아이들이 어떤 생각을 하고 있는지 힘든 일은 없는지 늘 세심하게 아이들을 봅니다.

저는 책을 천 권 이상 소장하고 있습니다. 결혼 후에 한 권 한 권 모아온 책이랍니다. 이 책으로 오랜 시간 아이들과 수업하며 마음을 나누었어요. 책마다 저와 아이들의 손때가 잔뜩 묻어 있습니다. 어떤 아이들은 책에 둘러싸여 글을 쓰는 시간이 참 행복하다고 이야기합니다. 글을 쓰는 시간이 행복하다는 걸 알게 된 아이들을 보면, 글쓰기가 '공부가 아닌 행복'으로 느낄 수 있어 다행이라는 생각이 듭니다.

책과 함께하는 삶이 행복하다는 것을 아는 아이들이 참 기특하고 예쁘답니다. 아이들과 함께하는 생활은 참 재미있고 즐겁습니다. 저의 우스꽝스러운 행동에 깔깔 웃어 주고 책을 읽어 줄 때 아이들의 눈을 보고 있노라면 가슴이 벅차오르곤 해요. 저의 이런 삶을 아는 지인들은 제게 그래요. 좋아하는 일을 해서 참 행복하겠다고요. 네, 저는 참 행복한 사람입니다. 제가 좋아하는 일을 찾아 그 일로 일생을 보낼 수 있으니까요. 저의 이 행복을 아이들에게도 나누어 주고 싶고, 요즘은 다양한 기회를 통해 만나고 싶다는 생각을 더 많이 합니다. 아이들이 나만의 것을 찾는 과정을 함께하고 싶습니다. 삶의 길잡이가 되고 싶다고 생각하다 보면 막중한 책임감을 느낍니다. 저는 책이 자연이라는 생각해요. 우리가 자연을 떠나 살 수 없듯이 우책과도 떨어져 살기 어렵거든요. 책이라는 존재가치가 우리에게 주는 힘이 얼마나 큰지 항상 느끼고 있으니까요.

레오나르도 다빈치는 '자연은 필요 없는 발명을 하지 않는다. 자연은 모든 진정한 지식의 원천이다'라고 얘기했습니다. 그만큼 자연이 중요하죠. 아이들과의 첫 만남에서는 자연에 대해 이야길 하고 수업으로 진행합니다. 자연을 알지 않고서는 배경지식의 방향도 이해도 생각의 깊이가 넓어지는 데도 한계가 있거든요. 자연을 통해 삶을 배우고 이해하며 공감하는 능력을 기르는 것이 중요해요. 자연을 비문학이라 생각하실 수도 있지만 사실 그렇지 않습니다. 자연 안에 모든 분야가 다 들어가기 때문에 통합적 수업이 가능한 예술적 학문이라 할 수 있습니다.

　책을 접할 때도 균형이 중요합니다. 책의 편식이 일어나서는 안 되고 문학 비문학을 골고루 균형 있게 읽어야 합니다. 이 책들을 골고루 접할 수 있도록 옆에서 돕는 역할을 저와 부모님이 함께 해주셔야 합니다. 가장 쉬운 방법은 첫 이미지를 좋게 하는 것이지요. 아이가 문학에만 관심이 있다면 문학 중 하나를 골라 그 안에서 비문학의 요소를 찾아내어 연결하는 것입니다. 줄기가 뻗어 나가듯 하나하나 연결하다 보면 궁금증이 생기고 몰입하면서 다양한 책을 읽는 효과를 볼 수 있게 됩니다. 비문학에 관심이 있는 친구들도 마찬가지예요. 비문학에 나온 요소 중 문학을 찾아내어 연결합니다. 기다림의 미학을 떠올리며 무한한 가능성을 가진 아이들을 믿어주다 보면 균형 있는 책 읽기가 가능해진답니다. 책을 읽으며 상상하는 것이 얼마나 재밌는 일인지 많은 아이들에게 알려주고 싶습니다. 책이 강요가 아닌 책으로 스트레스를 풀 수 있으면 참 좋겠다고 생각하며 책 접근법 연구를 많이 하고 있습니다. 즐거움은 아이들이 어떤 행위를 하게 만드는 중요한 요인이기 때문입니다.

　제가 왜 책 수업을 인생의 전부로 생각하는지 책이 왜 중요한 지 이 책을 통해 풀어내고 싶었습니다. 단기간에 성과가 나오는 수업이 아니다 보니 학

아이의 잠재력을 깨우는
7가지 열쇠

부모와의 상담과 아이들과의 소통이 절대적으로 필요한 저의 일을 이야기하고자 합니다.

저와 인연이 닿아 수업을 함께한 아이들을 떠올려 보면 여섯 살에 만나 대학에 간 아이들도 있고 짧게 인연을 맺은 아이들도 있습니다. 저를 믿고 함께 해주시는 어머님들과 아이들에게 이 자리를 빌어 감사의 인사를 드립니다. 개인마다 장점이 뚜렷하고 무한한 가능성이 있는 아이들에게 저와 함께하는 수업을 통해 건강한 정신과 세상을 살아가는 힘을 기를 수 있기를 바랍니다.

아이들과 함께하는 이 생활이 제게 '작가'라는 선물을 안겨주었습니다. 제가 상상하고 목표한 일들이 이루어지는 걸 보며 꾸준함과 노력의 힘은 결코 나를 배신하지 않는구나, 라는 생각이 듭니다. 저는 지금도 여러 분야에 도전 중입니다. 제가 배우고 성취하려는 도전들이 몇 년 후 모두 합쳐져 얼마나 커다란 시너지효과가 날지 상상하며 공부하고 있습니다. 저는 호호 할머니가 되어서도 아이들과 책을 통해 이야기 나누고 싶고, 글을 쓰며 아이들과 함께하고 싶습니다. 진심은 통한다는 마음을 가지고 학부모와 아이들을 대합니다. 20여 년을 아이들의 성장을 눈으로 지켜보면서 책이 주는 힘에 대해 시간이 흐를수록 굉장하다는 사실을 깨닫고 있습니다. 마음에 건강한 씨앗이 자리 잡아 정서에 건강한 새싹이 피어날 거예요.

앞으로 저는 더 많은 꽃을 피워내려고 합니다. 아이들 하나하나의 마음에 예쁘고 튼튼한 꽃을 피워내길, 민들레처럼 뿌리가 단단한 어른으로 자라나길, 제가 항상 옆에서 돕겠습니다.

# 01 엄마 곰과 아기곰

동화의 시작

"이른 봄날, 숲속 굴 안에서 아기곰 두 마리가 태어났어요. 수컷 아기곰과 암컷 아기곰이에요. 엄마 곰은 굴에서 나와, 아기곰들을 불렀어요. 아기곰들은 바깥세상으로 아장아장 걸어 나오기 시작했어요."

아기곰들을 청년 곰과 숙녀 곰으로 키워낸 자상하고 다정한 엄마 곰은 어느 날부턴가 갑자기 화를 내기 시작합니다.

왜 그럴까요?

엄마 곰의 이런 태도는 아기곰과 헤어질 때가 됐다는 뜻이에요.

아기곰이 엄마 곰에게 살금살금 다가가자, 엄마 곰이 몸을 휙 돌려 달리기 시작해요.

아기곰 오누이도 엄마 곰의 뒤를 쫓아 달려가요.

아기곰 오누이는 엄마 곰을 계속 쫓아가요.

아이의 잠재력을 깨우는
7가지 열쇠

엄마 곰은 지금까지 한 번도 데리고 간 적이 없는 골짜기로 아기곰들을 데리고 가요.

그곳에는 빨갛게 익은 산딸기가 햇살에 반짝이며 끝없이 펼쳐져 있어요.

"얘들아, 어서 와서 실컷 먹으렴."

엄마 곰의 말에 아기곰 오누이는 작고 달콤한 산딸기를 정신없이 따 먹어요.

엄마 곰이 살짝 떠나는 것도 모른 채 말이에요.

얘들아! 아기곰 오누이가 산딸기를 맛있게 먹고 있나 봐. 어떤 맛일까? 우리 한번 상상해 보자. 엄마는 떠나는데 그걸 보지 못한 아기곰들은 정신없이 딸기를 먹고 있어. 근데 제목은 왜 곰딸기일까? 곰은 지금 어떤 모습을 하고 있을까?

이렇게 책의 내용을 머릿속에 그리듯 함께 이야기를 나눕니다. 그러면 아이들은 상상하며 곰이 딸기를 먹는 장면을 그리게 됩니다. 그리고 생각합니다. 딸기에 정신이 팔린 아기곰을 생각하며 엄마에게 미안해하는 친구도 있을 것이고 딸기가 그렇게 맛있을까? 생각하는 아이들도 있을 겁니다. 저와 수업을 어느 정도 진행한 친구들이라면 이 한 장면에서 여러 가지 사실을 알고 이야기하게 됩니다. 곰은 포유류이며 잡식동물이에요. 어느 정도 자라면 엄마랑 헤어져요. 이렇게 곰의 특징을 이야기하며 아기곰과 엄마 곰의 사랑에 대해서도 글을 적게 되겠지요. 배경지식과 더불어 결국 곰딸기는 엄마의 사랑이자 헤어짐이라는 의미를 깨닫게 됩니다.

"저는 책을 그리는 사람입니다."

　책을 그린다는 말은 생소한 말이지만 저에게는 참 매력적인 말입니다. 단순한 책 수업이 아닌 아이들의 심리, 감정 상태, 성향 파악과 마인드맵으로 시작해 독창적인 글쓰기로 완성을 시킵니다. 첫 책은 자연책과 그림동화로 시작합니다. 다람쥐 자연책이 오늘의 수업 주제라면 다람쥐 관련 그림 동화책을 찾아 함께 읽습니다. 처음부터 아이들 혼자 읽게 하지 않고 제가 읽어 줍니다. 고학년도 구연동화를 들려주면 참으로 좋아합니다. 책을 통해 이야기를 나누고 질문을 하며 소통하는 시간을 거쳐 마인드맵 중심으로 생각을 확장하고 정리한 후 다양한 방법으로 글쓰기를 진행하게 되는데 그중에서 저는 주인공의 마음이 되어 쓰는 글을 가장 중요시합니다. 공감하기 훈련을 위해서는 글쓰기가 꼭 필요합니다. '내가 만약 OO라면?' 이란 질문에 "선생님, 내가 왜 OO가 되어야 하나요?"라면서 생각하는 것이 힘들어 한참을 고민하는 아이들도 있습니다. 하지만 반복하고 훈련하면 자연스레 OO의 입장이 되어 생각하려 노력합니다. 시간이 오래 걸리더라도 기다려 줍니다. 그 후에 얻어내는 성취감을 아이들이 꼭 느꼈으면 하기 때문이지요.

　글을 쓰고 아이들과 하이파이브를 합니다. 뿌듯해하며 웃는 아이들의 모습을 전 오래오래 기억합니다. 이 방식을 접목하되 아이들 성향에 맞는 직관적 수업과 저의 기준과 중심을 뿌리내려 진행합니다. 생각의 깊이와 확장이 필요한 아이들에게 이런 식으로 책을 접하고 활동하는 게 필수입니다. 자연 동화책을 아이들과 이야기하고 내 생각을 토대로 글을 써내려 가는 활동은 굉장히 중요합니다. 이 활동으로 관찰력·논리력·표현력을 기를 수가 있습니다. 결국은 종합적인 사고력을 기를 수가 있는 것입니다. 미래 사회의 주역이 될 우리 아이들에게 가장 중요한 능력이 종합적인 사고력 아닐까요? 책을 읽고 글을 쓰면 어떤 상황이나 주제에 대해 배경지식과 맥락을 이해할 수 있게 됩니다. 내 생각을 명확한 근거로 이야기할 수 있도록 문장력과 표현력을 기를 수 있게 됩니다.

글은 자유로운 표현에서 시작됩니다. 나만의 언어를 만들고 그 언어로 글을 표현하는 것이 중요합니다. 책을 읽는 것이 공부를 위해서만이 아닌 깊은 사고를 하는 능력을 기르고 풍부한 표현을 할 수 있는 능력을 기르게 된다면 언어능력은 자연스레 높아질 것입니다. 언어능력은 단기간에 좋아지는 능력이 아닙니다. 끊임없는 노력의 시간이 필요합니다. 스스로 읽어내는 힘과 자유로운 글쓰기를 통해 언어능력을 높이고 더 나아가 학습 태도와 자신감, 자존감까지 높일 수 있게 되는 것입니다. 인간의 뇌는 실제와 이미지 훈련을 구분하지 못하고 착각하기도 합니다. 이러한 뇌의 특성을 이용해 책을 통한 간접 경험을 실제 경험처럼 할 수 있습니다.

결국 책은 우리의 뇌를 우수하게 만들어줍니다. 이렇게 만들기 위해서는 아이들에게 생각할 수 있는 시간과 여유를 줘야 합니다. 그래야만 상황에 대처하는 능력과 판단 능력을 기를 수가 있습니다. 여유가 있어야만 생각할 수가 있고 깊어지는 것이죠. 책을 읽으며 생각하는 힘과 상상력을 기른다면 책 읽기는 뇌를 건강하고 안정되게 만들어 줄 것입니다. 책을 통해 머릿속에 그림을 그리는 것이 가능해진다면 집중력과 몰입력 또한 높아질 것입니다. 책은 이러한 능력을 기르는 데에 큰 도움을 주는 매개체가 될 것입니다.

## 숙명과 운명

숙명은 반드시 될 수밖에 없고 그렇게 되어야만 하는 것인데 반면, 윌슨의 말처럼 인간은 어떤 운명을 만나기 전에 벌써 스스로 그것을 만들고 있는 것이라는 생각이 듭니다. 플라톤은 <향연>에서 "지혜의 반대가 무지인 듯 세상에는 꼭 지혜만 있는 것도 아니고 꼭 무지만 있는 것도 아니다. 만약 둘 중 하나만 존재한다면 세상에는 한쪽은 만물박사가 득실거리고 다른 한쪽은 아무것도 모르는 이들만 가득할 것이다."거라고 얘기했습니다. 이 글은 사랑 얘기로 가득하지만, 왠지 저는 이 책에서 지혜와 무지, 그리고 숙명과 운명을 떠올렸습니다. 지혜로움은 자연스레 생기는 것이 아니며 성실함과 꾸준한 노력에서 오는 것입니다. 지혜가 있으면 성과는 어렵지 않게 따라오게 됩니다.

하지만 인간은 무지하므로 자기중심적 사고를 벗어날 수 없는 숙명을 가지고 있다고 합니다. 이 숙명을 긍정적 의미로 받아들여 나만 생각하는 이기심이 아닌 겸손하고 예의 바르며 생각의 깊이가 진중하여 함께 협력하며 공감하고 지혜를 가득 머금은 어른으로 자라나게 돕는 책과 함께하는 저의 역할이 숙명이자 운명입니다. 책 읽기와 글쓰기를 통해 지혜롭고 통찰력 있는 아이들로 키우는 것이 저의 역할인 것이죠. 책을 읽으며 시야를 넓히게 됩니다. 글쓰기로 지혜와 성취를 느끼며 통찰력 있는 성인으로 성장하게 되는 것입니다.

숙명과 운명은 저의 어린 시절 책상의 추억으로부터 시작됩니다. 저는 어릴 적 새 책상을 가져본 적이 없습니다. 친정엄마가 결혼해서 쓰던 화장대를 물려받아 초등 4학년 때부터 고등학생 시절까지 책상으로 사용했습니다. 짙은 고동색의 화장대는 타원형의 거울이 달려있었고 보통의 화장대보다 크기가 크고 색도 맘에 들어 참 좋아했답니다. 좋아하는 화장대 앞에 걸린 거울을 통해 꿈을 꾸던 아이는 어른이 되어서도 거울 앞에 앉아 물끄러미 자신을 들여다보며 이야기하고 생각합니다.

거울을 보며 생각하는 시간을 갖다 보면 나를 객관화 할 수 있습니다. 사람은 본디 자기중심적 사고를 갖고 태어나기 때문에 이러한 훈련은 누구에게나 필요합니다. 저는 공부하려고 앉을 때마다 제일 먼저 거울을 들여다봤습니다. 이때의 저는 내 얼굴에 불만이 많아 거울만 보면 화가 나던 시절이었지만 거울이 앞에 있는 환경에서 늘 거울을 보며 말을 걸고 생각하던 것이 습관이 되어 어른이 되어서는 거울을 들여다보며 객관화하고 생각하는 시간을 갖음으로써 겸손한 자세와 이성적인 판단을 하는 사고를 갖게 되었습니다. 한 발짝 떨어져 나를 바라보는 시간을 가지게 되면 한층 더 성숙한 인간으로 살 수 있고 인간관계에서의 어려움 또한 넓은 마음으로 받아들일 수 있게 됩니다. 타인이 보는 내 모습의 인식이 자아 형성에 영향을 미친다는 '거울 자아 이론'을 알았을 때 제 모습이 떠올라 관심을 가지게 되었습니다. 제가 책을 숙명이자 운명이라 하는 이유도 나와 책을 동일시 하는 것에서 나온 것이겠지요.

저는 중1 국어 시간에 시 암송을 했습니다. 친구 대부분이 작은 종이에 시를 적어 달달 외우고 있었죠. 저는 그 친구들을 마냥 신기하게 쳐다보며 시를 외울 생각을 하지 않았습니다. 읽기만 하면 외워진다고 생각했습니다. 공부하는 방식도 모르고 외우는 것을 어떻게 해야 하는지 생각도 해보지 않았던 것 같습니다. 그렇게 첫 시험에서 형편없는 점수를 받게 됩니다. 저의 오만함과 무지함에 패배를 맛보게 되며 참 부끄러웠습니다. 왜 읽기만

하면 외워진다고 생각을 한 건지 지금 생각하면 웃음이 나오는 기억이지만, 그땐 한 구절도 외우지 못해 쪽지 시험에서도 낭패를 보고, 교실 앞에 서서 창피한 마음에 모두가 날 어떻게 생각할지 의식하며 참 심적으로 힘들었던 기억이 납니다. 이때의 창피함이 타인을 의식하게 되는 계기가 되었던 것입니다. 하지만 이 일로 저는 좋아하는 책에 더 빠져들게 됩니다. 무언가에 더 집중해야 하는 시간이 필요했던 것이죠.

어릴 적에 책장으로 빼곡한 거실 한구석에 발 디딜 틈 없이 책이 놓여있었고, 그 책들을 엎드려 읽고 또 읽었습니다. 아빠가 좋아하는 책과 저의 책들이 한데 섞여 있었고 저는 아빠의 목민심서를 꺼내 한 장을 채 넘기지 못하고 '아빤 왜 이런 책을 읽을까?' 하며 다시 책장에 꽂아뒀습니다.

지금도 이때를 떠올리면 저의 머릿속에는
구연동화의 한 구절이 생생하게 떠오릅니다.

"거울아, 거울아. 이 세상에서 누가 제일 아름답지?"
"왕비님이 제일 아름답습니다."
"호호호. 그래, 내가 세상에서 제일 아름답지."
"이제 난 큰 부자다!"
"주문이 뭐였지? 열려라, 말! 열려라, 보리! 열려라, 쌀!"
"열려라, 참깨!"

늘 흘러나오던 구연동화 테이프에 백설공주 마녀의 웃음소리, <알리바바와 40인의 도둑>의 카심과 주인공의 '열려라, 참깨' 말투를 따라 하며 놀던 때가 어김없이 생각이 납니다. 구연동화를 하는 게 너무 좋아 혼자 거울

앞에서 연습하고 목소리를 바꾸는 것이 참 즐거웠습니다. 지금도 아이들에게 구연동화를 들려주고 있습니다.

비 오는 어느 날, 어두컴컴한 집에서 접했던 신사임당 위인전의 여운이 오래 남아 밤마다 떠올리며 잠들던 적이 있었습니다. 친할머니댁이 강릉이라 강릉에 갔던 어느 날 오죽헌에서 신사임당을 만나고 너무 기뻤던 기억, 책으로 집을 만들고 사다리를 쌓고 발로 뻥 차며 즐거워했던 그때가 행복한 기억으로 남아있습니다. 연년생이던 동생이 아파 자주 병원에 가야 해 어쩔 수 없이 외가댁에 맡겨져야 했던 저는 친구 한 명 없는 시골에서 맞이하는 새벽의 물안개와 아지랑이를 보며 상상의 나래를 펼쳤습니다. 산으로 둘러싸인 그곳에서 저만 보면 쫓아와 쪼아대던 닭과 마당의 커다란 배나무 아래 평상에 누워 바라보았던 하늘 그 옆으로 나란히 키를 맞추고 있던 자두나무와 함께 자랐습니다. 늘 책을 읽으며 장면을 떠올리고 뒷이야기를 만들어 보곤 했습니다. 가끔 절 보러 오신 부모님께 칭찬받고 인정받고 싶은 마음에 더 많은 책을 읽으며 책에 몰입했습니다.

멀어져 가는 부모님과 동생의 뒷모습을 바라보며, 어린 마음에 그 순간이 참 외롭고 슬펐습니다. 어쩔 수 없다는 걸 알면서도 심장이 콕콕 아프고 서러웠지요. 어느 날엔가 심술이 나고 너무 화가 나서 막내 이모에게 화풀이한 날도 있었습니다. 이모가 좋아하던 책들을 죄다 던지며 소리를 질렀습니다. 착하기만 했던 이모는 울면서도 저에게 단 한 번도 화를 내지 않았고 그 일로 저에게 서운해하거나 절 미워하지도 않았습니다. 아마도 속상한 제 마음을 이해해 준 거겠지요. 막내 이모는 저와 여덟 살 밖에 차이가 나지 않습니다. 제가 만약 없었으면 거의 외갓집에서 막내였지요. 사실 막내 이모에게 너무나 고마웠고 그 후론 대들거나 화를 낸 적이 없습니다. 책을 좋아한 이모와 저는 함께 책을 읽고 이야기를 나누며 참 행복해했습니다.

그리고 항상 저와 함께였고 그저 사랑이신 나의 외할머니……. 하루는 제가 감자에 물감을 묻혀 찍기 놀이가 하고 싶다며 할머니를 조른 적이 있었습니다. 집에 감자가 없으니 근처 슈퍼에 가 감자 한 알을 사 오라고 하셨어요. 저는 혼자 걸어가서 한 알이면 미술 놀이하고 나서 먹을 게 없을 테니까 한 봉지를 사 집으로 돌아왔습니다. 할머니는 어린 게 어쩜 이렇게 야무진 생각을 했냐며 칭찬해 주셨습니다. 제가 꼭 어른이 된 것만 같고 잘 해냈다는 사실에 정말 기쁘고 뿌듯했습니다. 할머니는 제가 하는 모든 일에 잘했다, 예쁘다, 기특하다며 언제나 인정해 주시고 칭찬해 주셨습니다. 늘 질문이 많고 궁금한 것이 많아 한시도 조용히 있지 않고 말이 많았던 저에게 할머니는 단 한 번도 싫은 내색을 하신 적이 없으셨습니다. 궁금하고 알고 싶은 게 많아 눈썰미가 좋고 성격이 밝아 예쁘다고 해주셨던 할머니. 할머니의 행동이 뭐든 해낼 수 있다는 자신감을 가질 수 있는 밑거름이 아닐까 합니다.

책을 좋아하는 저에게 시간만 나면 책을 읽어 주시며 같이 웃고 즐거워했던 그 시간이 저에게는 참으로 소중한 추억입니다. 이 시간이 지금의 저를 있게 한 것이죠. 독립적으로 자라 모든 일을 스스로 알아서 해낸다며 칭찬해 주시고 무한 사랑과 믿음으로 지켜주신 부모님 덕에 서운하던 마음은 쉽게 치유할 수 있었습니다. 중학교 예민하던 그때 어린 시절을 떠올렸으면 어땠을까, 생각해 보지만, 그때의 저는 아마도 다른 생각을 할 여력이 없었을 것 같습니다. 현재의 삶에서 부끄러움과 창피함을 느끼며 어떻게든 잘 지내보려 애쓰고 있었을 테니까요. 저는 이제 더 이상 타인을 의식하지 않습니다. 지금은 제가 좋아하는 책과 수업을 응원과 지지를 해주는 부모님의 사랑에 에너지를 얻고 그 힘으로 일을 활기차게 살아가고 있습니다. 글쓰기와 책 읽기를 통해 저의 삶이 한결 차분해졌습니다. 책을 몰입하여 읽는다는 의미는 바로 내 머릿속에 그린다는 뜻이라고 생각합니다. 카메라로 사진을 찍듯 책의 내용을 그림 그리며 셔터를 누르는 것이죠. 책을 그리며 정리만 잘할 수 있게 돼도 공부를 어렵지 않게 할 수 있습니다. 단순 암기가 아닌 배경지식을 머릿속에 그리며 영화의 한 장면을 떠올리듯 책 내용을 떠올리게 되는 것입니다. 또한 책을 읽으며 마음을 치유하고 글을 쓰며 그 마음을 나누는 것도 책을 그리는 이유 중 하나입니다. 책이 주는 힘과 내면이 강한 아이로 성장시키는 일을 하면서 저도 같이 성장하려는 것이지요.

프랑스의 르몽드지와 독일의 국영 방송에서 우리나라로 취재를 온 적이 있습니다. 그들은 돌아가며 이런 기사를 냈다고 합니다. "한국 아이들은 세계에서 가장 불행한 아이들이다." 우리 교육은 매우 경쟁적이고 고통을 동반하는 교육입니다. 저도 아이들을 가르치는 입장에서, 독서교육이라는 이름 아래 경쟁을 부추긴 적은 없는지 뒤돌아보곤 합니다. 아이들이 즐겁게 교육받을 수 없을까? 책에서 내가 무엇을 좋아하고 잘할 수 있는지 생각의 힘과 에너지를 얻습니다. 책을 읽고 글을 쓴다는 건, 좋아하는 일을 찾아 행복한 삶을 만들 수 있는 능력을 기르는 것입니다.

책을 통한 간접 경험이 얼마나 큰 영향을 미치는지 아이들을 가르치며 알게 되었습니다. 책과 함께하고자 하는 저의 소통 방식이 틀리지 않았음을 시간이 흐를수록 더욱 확신을 갖게 됩니다. 짧은 영상과 쇼츠는 영감과 생각의 깊이를 없애고, 활자에 익숙지 않은 세대로 옮겨가면서 얇고 넓게만 퍼진 우리 머릿속을 독서가 의미 있는 행동을 하도록 뇌를 각성시키는 모습을 여러 번 보았습니다. 지금도 기성세대는 학창 시절 읽은 소설과 시의 한 구절이 기억에 각인되어 삶의 방향에 많은 영향을 받습니다. 눈으로 읽고, 입으로 내뱉고, 귀로 들으며, 머리로 그리고 책을 넘기면서 생각하게 만드는 게 책입니다. 무엇보다 두뇌를 자극하고 발달시키는 중요한 도구가 됩니다.

## 02 책 그리기 좋은 시간

'그린다'는 건 상상력을 동반합니다. 뇌의 가장 중요한 일이 바로 상상이라고 생각합니다. 상상할수록 해마는 역동적으로 변하게 됩니다. 신경세포를 이어 시냅스를 두껍게 만들기 때문이지요. 감각기관이 전달하는 모든 정보를 해석하고 판단하는 일에 때로는 존재하지 않는 것까지 상상으로 덧붙여 주는 게 바로 뇌입니다. 상상은 사전적 의미로 '현재의 지각에는 없는 사물이나 현상을 과거의 경험, 관념으로 머릿속으로 그려서 재생시키거나 만드는 마음의 작용'입니다. 그러니 상상력은 눈에 보이지 않는 것을 떠올리는 능력이자 육체를 지배하는 힘이라고 말합니다.

콜린 윌슨은 상상력을 "눈앞에 존재하지 않는 이미지를 창조하는 힘", 즉 현존하지 않는 대상에 대해 어떤 구체적인 심상을 갖는 사고의 작용이며 창조하는 힘으로 과거의 경험을 재생하고 기존의 실체들을 종합적으로 재구성함으로써 새로운 실체를 만들어내는 능력을 말하며, 이러한 상상력을 바탕으로 창의력이 길러집니다. 상상력이 심상을 형성하는 능력이라면, 창의력은 상상으로 머릿속에 그려진 실체를 현실에서 구체적으로 형상화하는 힘입니다. 상상력의 개념을 철학적으로 접근한 사람은 아리스토텔레스입니다. 그는 '감각과 사고를 매개하는 능력'으로 보고, 사유 형식에서 본질적인 역할을 하는 정신적 표상과 동일한 뜻으로 보았습니다. 레오나르도 다빈치는 상상력, 뜨거운 호기심, 다양한 분야를 포괄하는 창의성의 소유자였습니다. 호기심과 열정으로 똘똘 뭉쳐서 늘 경이로운 시선으로 세상을 바라봤지요. 관찰과 상상을 결합하는 능력 덕분에 보이는 것과 보이지 않는 것을 연결함으로써 예상을 뛰어넘는 도약을 할 수 있었습니다. 상상력은 내가 체험하지 못한 부분을 그리게 되는 것이기에 무한합니다. 또 우리가 스스로 향상하는 능력입니다.

상상력은 이미지를 바탕으로 하고 있습니다. 해리포터와 같은 문학적 상상력을 가진 책은 아이들에게 흥미와 호기심을 일으킬 수가 있습니다. 베르나르 베르베르 작가는 뛰어난 상상력으로 책 속의 세상에 내가 들어가 살아 숨 쉬는 듯한 기분에 빠지게 만들기도 합니다. 상상력과 창의력은 확산적 사고와 수렴적 사고가 어우러질 때 가능한 일입니다. 책 읽기와 글쓰기는 이 두 가지의 균형적 사고 능력을 길러 줍니다. 논술은 수렴적 글쓰기를 가르칩니다. 나만의 책 만들기, 동시 짓기와 같은 활동은 확산적 글쓰기를 가르칩니다. 확산적 사고를 하게 되면 한 문장을 보더라도 다른 생각, 느낌, 상상을 그려낼 수 있습니다. 상상력과 창의력을 기르기 위해서는 독창적인 글쓰기가 바탕이 되어야 합니다.

논술 즉 수렴적 글쓰기는 14세 이후 시작하기를 권합니다. 14세 이전까지는 확산적 글쓰기를 통해 아이들의 생각 주머니를 마구 넓혀주는 것이 좋은 활동입니다. 아이들에게 책으로 그림을 그리게 하는 것 그것은 상상력을 키움으로써 호기심을 자극하고 과학, 예술 등 모든 분야에 자극을 키워주는 일인 것입니다. 사물을 이미지로 떠올리면 우리 몸은 언어를 사용할 때보다 4~5배나 더 효과적으로 받아들이고 반응한다는 연구 결과도 있습니다.

아이의 잠재력을 깨우는
7가지 열쇠

뇌 과학자들의 계산에 따르면 인간이 기억할 수 있는 말과 이미지의 정보량을 비교해 보면 이미지의 정보는 언어 정보의 10만 배에 달한다고 합니다. 공부를 성적 향상의 도구뿐 아니라 나를 성장시키고 내 꿈을 이루기 위한 과정이라는 믿음이 생기면, 집중하는 시간이 늘어날 뿐 아니라 참고 인내하는 고통도 즐거움으로 바뀌게 됩니다. 꿈을 이미지화하여 머릿속에 그리면 현실에 더 와닿게 되는 것이죠. 공부를 즐겁게 하기 위해, 배경지식을 넓히기 위해, 생각을 깊이 있게 하려고 이미지화하는 연습을 하다 보면 즐거움은 배가 될 것입니다. 이 즐거움이 내 꿈에 다가가는 선물이 될 것입니다.

상상력과 창의력의 작동 원리란 긍정적인 생각의 원천입니다. 사물을 관찰하고 끊임없이 생각하는 힘이 상상력과 창의력을 자극하는 것이죠. 과학, 철학, 사회학, 문학적 상상력은 책 읽기와 글쓰기에 큰 도움이 됩니다. 책을 읽는 순간 뇌가 새로운 세상을 상상하고 신경세포들이 새로운 가지를 뻗어 연결되며 새로운 길이 만들어집니다. 뇌를 넓고 깊게 완성하는 데에 아주 효과적이지요. 책을 읽을 때, 앞이마 쪽에 위치한 전전두엽 부분에서 활동이 많아집니다. 이것은 독서가 상상력과 관련돼있다는 것을 말해줍니다. 상상력은 나의 고등 정신을 담당하는 전두엽에서 나옵니다. 고등 정신 기능 속에는 사고력, 추리력, 분석력, 적응력, 문제해결력, 비판력, 창의력, 구상력, 관계 파악력이 모두 포함됩니다.

책을 많이 읽으면 전두엽이 발달하여 우수한 뇌로 변하게 됩니다. 사소한 것이라도 지나치지 않고 상상력을 가지고 바라보고 관찰하게 된다면 나의 뇌는 발달할 수밖에 없습니다. 책을 만나 행복함을 느끼고, 글을 쓰며 뿌듯함을 느껴 내가 해냈다는 성취감을 통해서 낙관성과 자기효능감을 기르고 자율성과 책임감을 키워 바른 성장을 할 수 있도록 돕는 것입니다. 우리 사회는 상상력과 창의력을 가진 인재를 필요로 합니다. 또한 직관력과 융합적 능력과 더불어 통합적인 능력을 길러야 합니다. 무언가를 할 때 필요한 집중력과 상황에 따른 문제 해결 능력 그리고 사람들과의 소통을 위한 상호 적응력이 우리 아이들에겐 굉장히 중요합니다.

　이러한 능력을 기르기 위해서 책을 그냥 읽는 것이 아닌 자연스레 깊은 생각을 하고 몰입하는 힘을 기르고 그 힘을 토대로 글쓰기를 하는 능력을 길러 긍정적인 정서를 갖는다면 힘든 일을 지혜롭게 헤쳐 나갈 수 있게 됩니다. 이러한 작업을 하며 아이들은 성장해 나가는 것입니다. 이 소중한 시간은 우리 아이들이 자신의 정서와 머리에 책을 그리는 시간이 될 것입니다. 그렇다면 저는 왜 이토록 책을 통해 아이들을 만나려 했던 걸까요? 제가 책을 통한 아이들과의 만남을 간절히 원하게 된 계기는, 일곱 살의 유치원 추억으로부터입니다. 유치원에서 만난 선생님 두 분은 항상 아이들에게 웃어 주고 항상 예뻐해 주셨습니다. 활짝 웃으며 아이들을 맞아 주고 안아 주고 하이톤으로 반겨 주셨습니다. 꼭 안아 주던 선생님의 품이 그렇게 좋을 수 없었죠. 사랑받는다는 기분에 유치원을 갈 때마다 즐겁고 행복했습니다.

　그래서일까요? 제 꿈은 유치원 교사였습니다. 유아교육과에 입학하고 꿈을 키워 나갔습니다. 좋은 선생님이 되고 싶었습니다. 유치원에서 만난 아이들은 무에서 유를 창조하는 아이들이었습니다. 제 말 한 마디, 행동 하나에 영향을 받았죠. 아이들에게 책을 읽어 주고 이야기를 나눌 때 그 눈빛은 별을 따다 놓은 듯했습니다. 올망졸망 모여 앉아 저의 구연동화를 들으며 함박웃음을 짓고 귀 기울이는 모습이 참 기특하고 예뻤습니다. 매일 책을 읽어 주고 독서 활동을 하는 게 참 좋았습니다. 하지만 현실은 달랐습니다. 너무 환상을 갖고 있던 탓일까요? 이상과 현실은 다른 점이 많았습니다.

   매일이 힘들었습니다. 지나가는 노란 버스만 봐도 눈물이 났습니다. 아이들에게는 너무 미안했으나 제게 유치원에서의 근무는 힘겨운 나날이었습니다. 죄책감과 책임감으로 몸에서도 이상 신호를 보내고 있었습니다. 그때부터 저는 평생 하고자 하는 일이 무엇인지 진정으로 좋아하는 게 무엇인지 고민했습니다. 오로지 제게만 집중하며 시간을 보냈습니다. 간절함으로 흰 종이에 떠오르는 단어들을 적었습니다. 생각나는 대로 어떤 말이든 적으며 생각했습니다. 결론은 책과 아이들이었습니다. 책과 글쓰기를 통해 아이들을 바른 성장으로 끌어내어 더 나은 어른으로 성장시키고 싶은 마음이 커졌습니다. 책과 아이들을 제 방식으로 그리고 싶었습니다. 첫 시작은 막막했고 어려웠습니다. 이걸 어떻게 풀어내야 할지, 어떤 식으로 접근해야 할지 백지에서부터 시작했습니다. 배우지 않고선 안 된다는 생각으로 공부를 시작했습니다. 자격증을 하나하나 취득하며 어떤 방향과 방식으로 아이들을 만나야 하는지 고민했습니다.

   23살 운전면허도 차도 없던 저는 버스를 두 번씩 갈아타고 다니며 공부했습니다. 머릿속엔 "책과 아이들"이라는 꿈을 담고 생각했습니다. 책과 아이들에 대해 이야기를 나눌 사람도 도움을 요청할 곳도 제겐 없었습니다. 결국 난 아이들과 책으로 해낼 거란 생각을 항상 했습니다. 저의 이 노력의 힘은 지금까지도 계속되고 있습니다. 이런 생각의 힘이 결혼 후 살던 곳을 떠나 타지에서 쉼 없이 백 명 가까이 되는 아이들과 부모님 앞에서 강의할 수 있는 계기를 만들어주었고, 경력 단절 없이 수업할 수 있게 저를 키웠습니다.

아이들에게 저는 '귤쌤'으로 불립니다. 귤쌤은 취미가 뭐예요? 책 수업이야! 잘하는 건요? 책 수업이지! 선생님은 왜 책 수업만 좋아해요? 이일이 그렇게 좋아요? 저도 선생님처럼 좋아하는 일을 찾고 싶어요. 아이들과 이런 대화들을 주고받습니다. 책과 글쓰기를 빼고서는 저라는 사람이 설명되지 않습니다. 늘 간절한 마음으로 아이들을 대하고 몰입력 있는 수업을 하려 노력합니다. 그렇기에 골똘히 생각하는 일을 저는 중요하게 생각합니다. 그래서 아이들에게도 생각해 보자 생각을 더 해야 해, 라는 말을 많이 하게 됩니다.

결국은 몰입해야만 가능한 일인 것이죠. 몰입하기 위해서는 정확한 목표를 가져야만 합니다. 저는 수업 시간에 오늘의 목표를 적게 합니다. 목표를 높게 잡는 것이 아닌 이 시간에 가능한 목표를 설정하는 것이죠. 목표 설정만으로도 몰입하기 위한 환경이 만들어진 것입니다. 이때부터 목표를 위해 몰입하여 책을 귀로 듣고 눈으로 읽으며 생각하는 힘을 기르게 되는 것입니다. 글쓰기를 통해 손과 머리가 하나가 되는 경험도 하게 되는 것이구요. 이 활동이 쌓이다 보면 내가 원하는 목표에 도달하게 됩니다. 함께 이야기를 나눈 후 글쓰기 활동에 들어가면 아이들은 굉장한 집중력을 보여줍니다. 몰입 자체에서 행복을 느끼고 성취감을 느끼게 되는 것입니다. 이 활동을 꾸준히 하게 되면 성과는 자연히 따라오게 됩니다. 목표에 도달 후 내가 미래에 하고 싶은 일 좋아하는 일을 찾아 그 목표를 향해 나아가다 보면 몰입적 사고는 더욱 깊어지고 좋아질 것입니다. 스스로 생각함은 물론이고 집중력 또한 좋아지게 되는 것입니다. 어릴 때부터 나의 목표를 설정하고 목표를 위해 노력하는 습관은 중요합니다. 목표 설정과 더불어 나에 대해 알아가는 시간을 가지면서 내가 진정으로 좋아하는 게 무엇인지 배우고 싶은 건 어떤 것인지 알게 된다면 행복한 삶을 살아가는 데 큰 영향을 미칠 것입니다.

아이의 잠재력을 깨우는
7가지 열쇠

몰입하며 볼 수 있는 책 중에 저학년 아이들을 위한 책으로 <할아버지의 바닷속 집>을 추천하고 싶습니다. 할머니가 돌아가신 후, 홀로 남은 할아버지 이야기인데 할아버지가 홀로 살고 계시는 집이 점점 바다에 잠기면서 이웃들은 정든 동네를 하나둘 떠나지만, 할아버지는 할머니와의 추억을 떠올리며 떠나지 않습니다. 집을 한층 한층 올리며 살고 계신 할아버지는 어느 날 집수리 도구를 바닷속에 빠트리게 되면서 예전의 집을 둘러보게 됩니다. 그 집에선 할머니와의 추억 아이들과의 추억을 만나게 됩니다. 집이 주는 메시지와 영원한 것은 무엇일까? 또한 과거, 현재, 미래를 생각해 보게 하는 계기를 만드는 책입니다. 우리 아이들은 현재를 즐겁고 행복하게 사는 것이 중요하다는 이야기와 함께 할아버지에게 희망이 되는 민들레꽃을 보며 우리 아이들에게 희망이 되어주는 것은 무엇이 있을지 함께 생각해 보는 시간을 가지게 하는 책입니다.

고학년 아이들을 위한 책은 <책과 노니는 집>입니다. 주인공 장이는 필사쟁이 아버지 밑에서 자라 어려서부터 책을 좋아하는 아이로 자라게 됩니다. 어느 날 장이의 아버지는 천주학쟁이로 오해를 받아 돌아가시게 됩니다. 장이는 책방을 하는 최서쾌의 양자로 들어가게 됩니다. 장이는 책을 배달하다가 홍교리라는 조선에서 알아주는 높은 벼슬을 지닌 분을 만납니다. 그분은 신분에 상관없이 장이를 대하지요. 장이는 많은 시련을 겪지만 모두 극복합니다. 살아생전 장이의 아버지는 장이가 원하던 책방 책과 노니는 집을 선물해 줍니다. 역사책이지만 딱딱하지 않고 흥미로운 책입니다. 신분 차별이 심한 조선 후기가 배경이고 사람은 누구나 귀하다는 메시지를 주고 있습니다. 세상을 바라보는 시선과 멋진 어른의 행동을 엿볼 수 있기 때문에 고학년이면 몰입해서 읽을 수 있을 것입니다.

그리고 어른을 위한 동화책 <마지막 거인>을 추천합니다. 이 책에서 가슴을 쿵 하게 했던 글귀는 "침묵을 지킬 수는 없었니?"입니다. 18세기 유럽을 배경으로 한 소설입니다. 인간은 모순적 존재이며 탐욕과 허무함을 느끼게 되고 세상과 인간에 대한 가치에 대해 깊이 생각하게 만드는 책입니다. 마지막 거인을 읽으며 우리 어른들의 모습과 많이 닮았습니다. 상상력과 현실이 자연스레 어우러진 이 책은 자연보다 작은 우리들의 모습을 보게 됩니다. 자연의 일부인 우리가 자연을 지배하려 하는 모습에서 환경, 문화적 차이와 우리의 행동에 뒤를 돌아보게 됩니다. 많은 여운을 남기며 깊은 생각을 하게 한 이 책을 읽으면서 몰입을 느끼고 책에 관심이 깊어지기를 바랍니다.

## 03 단 한 권의 책과 세상 모든 이야기

제가 〈연어〉를 만난 건 책 수업을 하며, 자연과 인간을 연결하여 아이들을 내면화하는 방법과 활동을 끌어내고 싶은 갈망이 한창일 때였습니다. 아이들은 또래와 연결되고 그들 속으로 들어가기 위해 타협을 합니다. 또래 집단과 사회가 요구하는 규칙과 가치를 받아들이려는 성향이 있습니다. 아이는 그러한 타협을 통해 가치와 규칙을 내면화하며 사회적 역할을 해나가게 되지요. 사회의 다양한 측면을 내면화하고 통합하여 바람직한 삶을 살아가려면 내면화하는 과정에서 자율성과 자존감이 있어야 합니다. 도서관과 서점에서 책을 찾아보며 여러 고민하던 시기에 '이 책이다!'하며, 어른 〈연어〉 책과 어린이 그림 〈연어〉 책을 사 들고 와서 단숨에 읽고 또 읽었습니다.

내면을 들여다볼 수 있도록 돕는 이 책이야 말로 꼭 필요한 책입니다. 아이들이 책과 친해지도록 돕는 활동 중 책 한 권을 꼽자면 〈연어〉가 떠오릅니다. 〈연어〉를 통해 책에 대한 내공을 터득하게 된 계기가 되었어요. 저는 이 책도 다른 책들처럼 아이들이 읽게 하지 않습니다. 제가 읽어 줍니다. 저학년, 고학년 할 것 없이 제가 읽어 주는 시간을 갖습니다. 읽어 주는 동안은 글씨를 보지 말고 그림을 보라고 이야기합니다. 그림을 보면서 제 이야기를 듣는 거지요. 그림을 보며 아이들은 상상하는 시간을 갖습니다. 이 시간 몰입한 친구들은 연어가 주는 메시지를 끌어내게 됩니다. 자연책으로 배경지식을 쌓은 후 책을 접한 친구들은 감정이입이 훨씬 수월해집니다.

눈 맑은 연어는 지난날 불곰에게 잡아먹힐 뻔한 은빛 연어를 구해 준 적이 있습니다. 그때 은빛 연어는 지느러미에서 피를 흘리는 눈 맑은 연어에게 말했습니다.

"너 많이 아프겠구나."
"네가 아프지 않으면 나도 아프지 않아."

눈 맑은 연어가 남기고 간 말은 은빛 연어의 가슴 깊숙이 들어와 버렸습니다. 연어의 성장과 고통, 자연을 통해 사랑을 그려내고 감동과 즐거움 그 안에서 느껴지는 깊은 시선과 마음의 눈, 보이는 것이 다가 아니라는 사실을 알게 해주는 이 책은 읽을 때마다 느껴지는 다른 감정과 생각들을 아이들과 함께 나누고 싶고 내면의 중요성을 알기를 바라는 마음으로 이 책으로 수업을 진행합니다.

연어를 생각하면 어떤 모습이 제일 먼저 보이니?

"강에서 뛰어오르는 모습이요."
"곰에게 잡아먹히는 모습이요."
"알을 낳고 죽어있는 모습이요."
"입을 크게 벌리고 있는 모습이요."

아이의 잠재력을 깨우는
7가지 열쇠

아이들이 주로 대답하는 내용입니다. 그런데 이 연어를 조금만 다른 방향으로 끌고 가면 아이들의 생각은 더 깊어지고 확장이 됩니다. 다시 질문을 해보겠습니다.

연어가 안간힘을 써서 물을 거슬러 오르는 모습을 상상해 보자. 이때 연어 마음은 어떨까?

"연어가 너무 힘들 것 같아요."
"연어의 용기가 대단해요."
연어는 잡아먹힐 걸 알고도 뛰어오르는 걸까?
"알면서도 연어는 알을 낳기 위해 뛰어오르고 있어요."
"모를 수도 있어요. 모든 연어가 알지는 못할 거예요."

<연어> 그림책을 만난 후 아이들과 이야기를 나누게 되면 내면의 중요성에 대해서 함께 이야기를 나눌 수 있게 됩니다.

"삶이란 견딜 수 없는 것이다. 삶이란 그래도 견뎌야 하는 것이다.", "내 몸의 비늘보다 마음속을 들여다봐주렴.", "네가 아프지 않으면 나도 아프지 않은 거야. 마음의 눈으로 보면 온 세상이 아름답거든."

연어의 내면을 그림 그리듯 바라보고 친구 중 한 명을 정해 친구의 내면을 바라보는 활동을 하게 됩니다. 처음엔 어렵다 생각할 수도 있지만 생각하는 시간을 주고 격려를 해주며 수업하면, 떠오르는 그대로를 종이에 적으며 생각을 정리하게 됩니다. 아이들은 힘들지만, 본인의 꿈을 이루기 위해 스스로 노력할 때 성취감을 맛보게 됩니다. 타의가 아닌 자의로 노력하어 스스로 판단하고 꿈을 꾸고 그 꿈을 이루기 위해 발전을 시킬 때 행복함과 성취감을 느끼게 되는 것이죠. 이 노력을 통해 최고의 경지에 오르는 순간을 경험하게 되는데 그때 아이들은 즐거움을 느낄 수 있게 됩니다.

스스로 원하는 일을 하여 큰 기쁨을 맛보게 되면 최선의 결과를 얻게 됨으로써 자신의 꿈을 찾게 됩니다. 이러한 활동을 통해 내면을 바라보는 사람이 되어 거울처럼 나 자신도 들여다보고 이 거울을 통해 타인도 들여다보고 세상을 볼 수가 있습니다. 나만 생각하는 이기심이 아닌 타인을 들여다보는 힘을 기르며 건강한 사회인의 역할을 제대로 할 것입니다. 아이들과 함께하려면 세상을 착하고 예쁘게 보는 마음이 필요하다고 생각했습니다. 제가 책으로 아이들과 함께하며 방향을 잡도록 도와준 책이 바로 이 책입니다. 얼마 전 3학년 아이들과 〈연어〉 책으로 수업을 진행했습니다. 학기 초에 3학년이 되어 힘든 시점에 이 책을 접하게 된 것이죠.

어느 날, 초록강이 은빛 연어에게 말을 걸었습니다.

"넌 아버지를 참 많이 닮았구나." 은빛 연어는 깜짝 놀랐습니다.
"아버지요? 아버지를 아세요?"
"네 아버지는 연어 무리의 지도자였단다. 오백 마리나 되는 연어를 이끌고 돌아왔었지. 정말 굉장했단다. 그런 장엄한 풍경은 아마 앞으로도 못 볼 거야."
"아버지는 어떤 연어였어요?"
"네, 아버지는 쉬운 길을 가지 않는 연어였어. 연어들에겐 연어의 길이 있다고 말하곤 했지."

"우리가 쉬운 길을 선택한다면 우리의 새끼들도 쉬운 길로만 가려 할 테고, 곧 거기에 익숙해질 거야. 하지만 우리가 폭포를 뛰어넘는다면 그 순간의 기쁨을 우리 새끼들도 알게 되지 않을까? 그게 연어의 길일 거야."

연어의 길로만 가려고 하지 않고 힘든 길로도 가려고 하는 연어를 보며 아이들은 저희도 힘들지만 참고 노력하면서 성장하고 싶다고 이야기했습니다. 〈연어〉 책을 만나면 아이들은 대부분 이런 이야기를 합니다. 책이 주는 메시지를 찾아내는 아이들을 보며 가슴이 뜨거워지는 걸 느낍니다. 연어를 주제로 동화책을 만들어 보게 하였습니다. 같은 책을 보고 만든 아이들의 동화책은 각각의 개성이 묻어나 정말 멋진 하나의 책으로 완성이 되었습니다. 책을 통해 마음을 단단히 하고 건강한 생각을 하는 아이들을 보면 내가 정말 대단한 일을 하고 있구나, 라는 생각을 합니다. 저의 일에 대해 대단한 자부심인 거죠. 아이들이 힘든 시기에 책 만들기 작업을 하며 그 안에 글을 쓰고 스트레스를 푸는 모습을 보니 참으로 다행이란 생각이 듭니다. 글을 쓰는 행위가 어려움이 아닌 스트레스를 푸는 하나의 방법이 된다면 더할 나위 없이 좋겠다는 생각을 많이 했으니까요. 연어와 같은 책들을 많이 찾아내어 보여주고 들려주고 싶습니다.

## 04 기적을 만나는 나만의 도서관

저를 만나는 아이들은 책을 읽고 소통하며 인생을 설계하게 됩니다. 오랜 시간 수업을 하면서 느끼는 건 아이들의 심리와 정서가 공부에 미치는 영향이 얼마나 큰 것인가? 하는 것입니다. 타고난 것보다 노력과 성실이 중요하다면 이 노력의 힘과 성실은 어디에서 오는 것인가? 하는 의문을 가지게 되었습니다. 그렇게 심리 공부를 하고, 점차 뇌 과학에 관심을 가지게 되었습니다. 뇌를 공부하면서 저의 의문들이 조금씩 풀리기 시작했습니다. 뇌를 훈련하여 아이의 약점을 강점으로 승화시킬 수 있는 것입니다. 뇌는 자신의 기능을 스스로 바꾸는 능력이 있습니다. 인간의 뇌와 몸은 위협과 위험을 만났을 때 복합적으로 반응합니다. 스트레스를 받게 되면 몸이 아프고 힘들어지는 것이 이 작용인 것이지요. 하지만 뇌는 재구성이 가능합니다. 뇌의 구조와 기능은 말랑말랑하고 일생에 걸쳐 쉬지 않고 변하는데 이런 능력을 '신경 가소성'이라고 합니다. 반복된 활동으로 강하게 연결된 특정 신경망은 생각과 행동을 하게 만드는 것입니다. 습관이 중요한 이유이기도 합니다. 머리로 그림을 그리기가 진짜 현실화될 수 있는 이유가 이것 때문인 것입니다.

긍정적인 정서와 경험 강점 성공을 반복적으로 떠올리고 생각을 하면 관련된 신경 연결 회로가 자라나고 뇌는 긍정적인 정서에 집중하게 됩니다. 반면 부정인 생각을 떠올리게 되면 부정적인 정서에 집중하게 되는 것이죠. 신경세포 뉴런은 학습이나 습관 형성에 주축이 됩니다. 생각, 느낌, 신체 감각이 신경 연결망을 형성하거나 변형하는 것입니다. 뇌에서 동일한 신경 경로를 따라 반복적으로 활성화가 일어날수록 뉴런의 연결과 조직화는 더 강해지는 것입니다. 긍정적인 생각을 많이 하면 신경 회로가 더 긍정적인 변화를 향해 확장됩니다. 공부는 재능이 아닙니다. 성실하게 노력하는 자세와 흔들리지 않는 감성지능을 길러 주어야 하는 것이지요. 감성지능이란 자신의 감정을 인식하고 이해하고 관리하며 효과적으로 표현하는 동시에 타인의 감정을 이해하고 영향을 미치는 능력입니다.

감성지능을 높이는 이유는 감정에서 벗어나는 것이 아닌 부정적인 감정과 경험까지 조절하는 능력을 갖추기 위해서입니다. 감성지능이 높으면 자기조절능력을 충분히 발휘할 수가 있습니다. 감성지능을 높이는 방법은 자신의 감정을 적어 보는 것입니다. 나의 감정을 적으면서 나에게 집중하며 감정을 더욱 이해할 수 있습니다. 또 명확한 목표 설정을 합니다. 목표 설정을 종이에 적으며 그림을 그리며 상상하게 되면 현실화에 더욱 가까워지게 됩니다. 디지털에 감성지능을 높이면 AI가 할 수 없는 영역의 분야를 아우르며 훌륭한 성인으로 성장할 수 있게 될 것입니다.

자기조절능력을 길러 회복탄력성을 갖추면 우리 뇌는 효과적으로 스트레스를 관리하고 위협에 대한 반응을 강화하게 됩니다. 회복탄력성은 부정적인 상황을 긍정적으로 바라보고 역경을 극복할 수 있는 개인의 능력입니다. 지속적인 발전을 이루거나 커다란 성취를 이뤄낸 개인이나 조직은 대부분 실패나 역경을 딛고 일어났습니다. 즉, 상황을 받아들이고 유연하게 생각하며 긍정적으로 생각하는 것입니다. 경험을 통해 몰입력과 상상력을 갖추면 자기조절능력과 회복탄력성을 통해 훌륭한 사람으로 성장할 수 있습니다.

이렇게 책 읽기와 글쓰기가 삶에 있어 중요합니다. 아이들에게는 자신의 가치를 소중히 여기고 귀하게 생각해야 하는 것이 중요합니다. 책을 통해 내가 얼마나 가치 있고 소중한 사람인지를 함께 느끼고 소통하다 보면 긍정적인 자아 형성에 많은 도움을 줄 수 있습니다. 아무 생각 없이 글을 읽는 것이 아니라 호기심을 가지고 탐색하는 시간을 가지며 생각하는 것입니다. 나에게 맞는 방식을 찾아내고 그럴 수 있도록 옆에서 살피며 도와줄 수 있는 게 저의 일입니다. 단기적으로는 눈에 보이지 않을지라도 성과가 더디고 긴 시간이 필요할지라도 본질에 대한 기본적인 믿음과 신뢰가 있다면 결국은 성공합니다. 어디에도 흔들리지 않을 강단이 생기는 것도 하나의 능력이라 할 수 있습니다. 직관적인 수업으로 아이에게 적기에 필요한 책과 수업 방향을 제시합니다. 책을 통해 생각을 정리하고 배경지식을 확장해 가며, 문학, 비문학을 섭렵하여 작가의 의도와 중심 문장을 찾아내는 방법 또한 배워갈 수 있습니다. 저는 아이들과 책을 읽고 활동을 하고 함께 문제를 푸는 시간을 가집니다. 아이들에게 숙제를 내주지 않고 같이 풉니다. 지켜보며 어떻게 푸는지 지문을 어떤 방식으로 읽고 있는지 확인합니다.

이 과정에서도 아이의 감정을 파악하여 본인의 능력치를 끌어올릴 수 있도록 기회를 만들어줍니다. 혼자가 아닌 함께하되 스스로 해내고 있다는 성취감을 주어야 하는 것입니다. 여러 활동을 하며 인생에 대해 생각하고 설계하며 꿈을 이야기하다 보면 목표를 정하는 법을 찾게 되고 나아갈 수 있게 됩니다. 이를 가능하게 만들기 위해 결국 생각의 힘, 생각의 깊이, 생각의 확장이 필요한 것이지요. 저는 학부모님과 수업 후에 10분, 20분, 길게는 1시간쯤 상담을 합니다. 많은 이야기를 나누는 것이 아이에게 도움이 되기 때문입니다. 아이 성향과 정서 파악 후 책을 읽으며 공감대를 형성하면 목

아이의 잠재력을 깨우는
7가지 열쇠

표를 잡고 방향을 잡아가기가 수월합니다. 물론 이야기를 나누며 내면의 나를 끌어내는 방법이 처음부터 쉬운 일은 아닙니다.

의욕만 앞서고 내 안에 가득 찬 자신감으로 학부모를 힘들게 하기도 하고 오해를 일으킨 적도 있습니다. 잘하고 싶은 마음에 아이를 몰아붙이기도 했습니다. 그 세월 동안 제가 겪은 경험을 토대로 저의 경력이 됐습니다. 제가 책을 쓰기로 결심하던 날 가장 먼저 머릿속에 떠올랐던 것은 제자 서하였습니다. 제 수업 인생에서 긴 시간을 차지하고 있던 서하는 7살에 저를 만나 16살까지 함께 했습니다. 7살에 처음 만난 서하가 제게 했던 말은 "저는 나중에 꼭 미국에 가서 공부할 거예요."입니다. 꼬맹이가 이런 생각을 하다니 신기하기도 했고 눈이 너무나 반짝여서 그냥 흘려들을 수 없었습니다. 똘망똘망한 눈망울의 서하는 제 말을 잘 경청하고 노력하는 아이였습니다. 아빠가 주재원이라 미국에서 생활했기 때문에, 그 시간이 좋았던 것이죠. 나중에 자기 힘으로 미국서 공부하겠다는 목표를 7살부터 갖게 된 것입니다. 참 대단하단 생각이 들면서도 어떻게 하면 저런 목표를 가지고 열심히 생활할 수 있을까요. 서하는 언어능력이 발달하는 시기에 한국어보다 영어를 먼저 접한 탓에 한국어 구사 능력이 다른 아이들보다 떨어져 있었습니다. 서하의 집에는 책이 참 많이 있었습니다. 그 책을 단계별로 이용하기로 했습니다. 첫 번째 수업은 자연 수업이 되었습니다. 마인드맵을 이용하여 배경지식과 어휘를 높이기 위해 동식물에 관한 책을 많이 읽었습니다.

동물에게 편지를 쓰고 그 동물이 되어 보기도 하고 멸종 동식물에 관한 이야기도 나누었습니다. 우주에 대한 내 생각을 표현해 보며 줄글로 나타내는 연습을 통해 생각의 확장도 가능하게 했습니다. 서하는 지금도 덕분에 본인의 생각과 느낌을 글로 표현하는 것이 어려움을 느끼지 않는다고 이야기합니다. 학년이 올라가면서 사회, 한국사, 세계사 등을 수업하게 됩니다. 서하는 가장 기억에 남는 수업이 한 나라를 다 배운 후 그 나라에 대해 정리하는 시간이었다고 합니다. 다시 한번 내가 배웠던 지식을 떠올릴 수 있는 시간이 되고 단순히 과거 사실에 머무르지 않고 미래에 우리가 배울 수 있는 점 등 더 깊고 멀리 생각할 수 있게 되었다며 저에게 고마워했습니다. 또 한국사, 세계사 노트 정리를 통해 글쓰기 실력을 길렀으며, 스스로 노트를 정리하고 공부하는 법을 배웠다고 이야기합니다.

저와 어릴 적부터 책을 읽고 글을 쓴 덕분에 독해력과 문해력이 탄탄해져 고등 모의고사의 지문까지도 어렵지 않게 풀게 되었죠. 이런 서하가 저와 수업하면서 제일 좋았던 점은 소통이라고 이야기를 해주었습니다. 제가 가장 중요하게 생각하는 소통이라는 말을 서하가 해주어 무척이나 고마웠습니다. 저와의 끊임없는 대화와 생각을 나누고 토론하면서 세계를 보는 눈이 달라지고 넓어졌다 했습니다. 또한 하나의 문제를 볼 때 여러 방면으로 생각하는 힘을 기를 수 있게 되었습니다. 가끔 저의 인생이나 삶에 관한 이야기도 해 더욱 탄탄하고 깊은 가치관을 기를 수 있게 도와주었지요. 서하는 미국으로 나가기 위해 한 걸음 내디디며 이러한 실력을 토대로 제주도에 있는 국제학교에 합격했습니다. 저와의 수업이 합격에 긍정적인 영향을 미쳤다고 합니다. 매번 수업 시간마다 자신의 의견을 표현하고 글로 쓴 것이 에세이를 쓸 때와 인터뷰할 때 빠른 시간에 내 생각을 정리하고 말과 글로 표현하는 데 도움을 많이 주었다는 것이죠.

지금 서하는 그토록 원하던 미국 고등학교에 입학하여 멋진 학교생활을 하고 있습니다. 새해 인사와 저의 생일이면 먼저 연락을 주는 서하의 인성을 보며 참 반듯하고 멋진 학생이라는 생각을 다시금 하게 됩니다. 얼마 전엔 미국 시 대표로 의학 분야의 굉장히 어려운 약학 관련 시험에 3등을 하여 곧 주 대표로 시험을 본다는 연락을 받았는데 서하는 이 시험에서 2등으로 했다고 합니다. 본인의 목표를 향해 나아가는 서하에게 멀리서 큰 박수를 보냅니다. 어쩌면 잔소리 같았을 저의 이야기들을 경청해 주었고, 본인의 삶에 녹여냈으며, 가치관을 확립하는 데 도움을 받았다는 서하를 보며 어른으로서 더 잘 살아야겠다고 다짐하게 됩니다. 저는 말의 힘과 구체적인 목표 설정의 힘을 믿습니다. 이렇게 아이들이 결과를 보여주고 있으니까요. 긴 시간을 믿고 저에게 맡겨주신 어머니도 존경스럽고, 제 말을 온전히 들어준 서하에게도 참으로 고맙습니다.

　책 수업이라는 것이 결과가 바로바로 나오는 것이 아니라 긴 시간이 걸리는 것이기에 쉽지 않은 여정입니다. 하지만 끝까지 믿어주고 기다려 주게 된다면 아이들의 무궁무진한 재능을 보여 줄 기회가 많다는 것이죠. 저는 아이들의 목표 정립을 위해 신경을 많이 씁니다. 목표가 있어야 나아가는 힘이 생기기 때문입니다. 그것을 찾기 위해 많은 이야기를 나누고 자기 자신에게 집중하는 시간을 갖습니다. 자신에 대해 생각을 많이 하면서 앞으로 나아갈 길을 찾아내는 것이죠. 그리고 또 한 아이를 소개하자면 2학년에 처음 만난 하은이는 조용한 아이였습니다. 말이 별로 없고 수줍어하는 친구였죠. 처음 만나게 된 계기는 문해력 때문이었습니다. 문해력을 높이고자 다양한 방법으로 수업을 진행하게 됩니다. 하지만 공부를 왜 해야 하는지 잘 모르겠고, 책 읽는 것을 좋아하지 않던 아이라 수업이 재미가 없고 싫다고 했습니다. 생각을 할 수 있게 기다려 주고 답을 바로바로 주지 않는 제가 힘들었을 겁니다.

여러 책을 보여주고 몰입할 수 있는 책을 선정하여 읽을 수 있도록 했습니다. 여러 다양한 방법을 접하며 아이에게 맞는 수업을 찾으러 노력했습니다. 이 과정에서 어머니와 많은 이야기를 나누게 되었죠. 소통을 통해 아이의 정서를 파악하고 좋아하는 활동들을 찾을 수 있었습니다. 이렇게 하나하나 알아 나가면서 수업을 진행한 것이 벌써 8년 차입니다. 중학생이 된 이 친구는 예술가가 되기 위해 나아가고 있습니다. 공부할 시간 외에 많은 연습이 필요한 하은이 8시간씩 한자리에 앉아 연습합니다. 엉덩이 힘과 집중력이 대단하죠. 본인의 꿈을 위해 다른 친구들보다 더 많은 시간을 집중해야 하고 노력해야 하는 하은이를 보고 있노라면 참 대단하다는 생각이 듭니다. 본인의 장단점을 정확히 알고 장점을 더욱 강화하고 단점을 보완하려 많이 노력하고 있으니까요. 이 아이가 어떤 어른으로 성장할지 참으로 기대가 됩니다. 착한 마음과 바른 인성을 토대로 지금도 가르치면서 이 아이가 꿈을 이루도록 늘 응원할 것입니다.

사람에게 답을 찾고 책으로 질문을 던지는 저는 이 방법이 맞다 틀리다가 아닌 저만의 특별한 방식입니다. 시나브로 스며드는 저의 독서법이 평생을 살아가는 데 도움이 되길 바라는 마음입니다. 정서와 소통, 공감이 어우러져 어디서든 막힘없이 편하게 대화할 수 있고 토론할 수 있습니다. 인생을 설계하고 그려가는 방법을 찾을 수 있는 그곳이 바로 나의 세상 기적을 만나는 나만의 도서관입니다.

## 트라이앵글 독서

빠르게 변화하는 시대와 정보의 바닷속에서 계속 중요시되고 있는 건 결국 책 읽기입니다. 디지털 세상에서는 무엇이든 가능합니다. 이런 시대를 살아갈 우리에게 더욱 필요한 것은 독서, 글쓰기와 더불어 상상력 그리고 창의력입니다. 인간만이 가진 이 능력을 표현하고 개발하기 위해 학생, 부모, 선생님 이 세 조합이 균형을 이루어야 한다는 것입니다. 저와 아이들 부모가 행복하게 균형을 맞추고 조화를 이루며 긍정에너지를 낼 수 있는 것! 이 세 가지 합이 맞아야 훌륭한 성과를 끌어낼 수 있습니다.

책 읽기도 결국은 소통인 것이죠. 아이들에게는 책 읽기 전 책을 대하는 태도와 자세가 필요합니다. 준비가 되지 않은 아이들에게 책을 무작정 들이민다고 해서 읽을 수는 없으니까요. 책을 읽어야 하는 이유와 목표 설정을 한 후 책 읽기를 시작해야 합니다. 모르는 어휘는 꼭 체크를 하며 몰입력 있게 책을 읽습니다. 책을 읽는 시간 사이 사이에 배경지식을 채워주는 건 필수 요건입니다. 책을 읽으며 '질문력'을 향상하고 질문을 할 수 있도록 돕습니다. 질문은 지식의 세계로 이끌어주는 수단이고 생각의 깊이를 향상하는 도구입니다.

논리적인 아이로 성장하는 데 큰 도움을 주는 것이죠. 영어, 수학을 제외하고 어떤 책이든 이 방법으로 수업을 진행하고 있습니다. 자연관찰, 과학, 전래, 명작, 고전, 한국사, 세계사, 그리스신화, 창작동화 등 많은 책을 아우르며 아이들에게 직관적인 수업을 할 수 있다는 점이 좋습니다. 그래서 책과 아이들이 저와 함께하길 바라는 소망과 의지가 만들어낸 하나의 작품과도 같습니다. 우주에 신호를 보내듯 늘 아침이면 저와 수업하는 아이들을 머릿속에 그려 봅니다. 오늘의 목표를 세운 후 책을 준비하고 수업 준비를 합니다. 이 준비가 제대로 되면 아이들과의 소통 수업은 어려움이 없습니다. 트라이앵글 독서법으로 학부모와 신뢰를 쌓고 아이들과 공감대를 형성하며 긍정적인 정서로 수업을 시작합니다.

트라이앵글 독서법이란 아이들, 학부모, 제가 삼위일체가 되어 수업을 만들어 가는 것입니다. 아이들이 제게 보내는 긍정적인 신호와 학부모의 믿음, 저의 교수법으로 짧게는 한 달, 길게는 몇 달이 걸리지만 우리만의 속도를 맞추고 아이 성향 파악을 하게 되면 수업은 어렵지 않게 진행이 됩니다.

**첫째, 생각하는 힘입니다.** 처음엔 생각하고 떠올리는 게 힘들지만, 어느 정도 반복이 되고 진행하다 보면 자연스레 길러집니다. 반복적인 행동을 지속하는 힘은 바로 기쁨과 성취감입니다. 독서는 그냥 눈으로만 읽는 것이 아니라 깊게 이해하고 생각하며 읽어야 합니다. 제가 주로 쓰는 방법은 책을 읽으며 떠오르는 생각을 기록하게 하는 것입니다. 바로 기록이 되지 않으면 기억이 나지 않기 때문에 순간적으로 떠오르는 생각을 기록하게 합니다. 이 기록들이 모여 글을 쓸 때 활용할 수도 있고 내가 어떤 생각을 하는지 객관적으로 바라볼 수도 있습니다. 또 한 가지는 엄마가 읽어 주는 책입니다. 책을 읽으면서 시야가 넓어지고 의식이 확장됩니다. 엄마 목소리를 들으며 책을 보게 되면 아주 큰 성과를 볼 수 있게 되는 것이죠.

특히 잠자기 전 엄마가 들려주는 목소리에 아이들은 안정된 정서와 잠자리에 들어서도 편안한 마음과 아침이 되어 상쾌한 기분으로 하루를 시작할 수 있습니다. 물론 하루하루 바쁜 어머니들께 힘들 수도 있지만 매일 아니더라도 일주일에 하루 이틀 정도는 꼭 해주시기를 바랍니다. 또 침대에 누워 엄마와 함께 동화를 만들어 보는 것입니다. 동화 만들기는 제가 아들과 가장 많이 하는 활동입니다. 여섯 살부터 열 살이 된 지금까지도 하고 있지만 동화 만들기를 할 때 제 아들은 참 행복해합니다. 엄마와 시간을 보내며 어떨 땐 웃긴 동화가 나오기도 하고 어떨 땐 슬픈 동화가 나오기도 하지요. 생각하는 힘을 기르기 위해서는 정서발달이 우선시되어야 한다는 뜻입니다. 이러한 활동들을 기반으로 책을 읽고 글을 쓰는 능력을 향상할 수 있습니다. 뇌가 행복해지는 활동으로 두뇌 발달을 한다면 이것만큼 좋은 것이 있을까요?

뇌에는 뉴런이라는 신경세포가 있는데 다른 세포로 신호를 전달하는 연결 지점을 시냅스 즉 두뇌의 정보처리 회로라고 합니다. 시냅스는 매우 빠른 속도로 변하기 때문에 학습 능력과도 깊은 연관이 있습니다. 시냅스를 강화하는 것이 새로운 기억의 탄생이며 이렇게 시냅스의 효율성이 증가하도록 의도적으로 훈련하는 것이 학습이고 또 공부입니다. 책 읽고 글을 쓰는 것에 기쁨과 즐거움을 느끼게 되면서 머릿속에 글쓰기 시냅스가 만들어집니다. 이렇게 생각하는 힘을 기르게 되면 성취감을 느끼고자 할 때 해야 하는 일들에 있어 진정한 즐거움을 느끼며 의욕적인 활동을 할 수 있게 되는 것입니다.

**둘째, 생각 정리입니다.** 생각 정리를 하는 이유에 대해 아이들에게 설명이 필요합니다. 그래야만 생각 정리를 통해 매끄러운 글쓰기를 완성할 수 있기 때문입니다. 처음부터 많은 양의 글을 쓰는 게 쉬운 일이 아니기에 생각 정리를 통해 글을 쓸 수 있도록 첫 작업은 반드시 마인드맵을 활용합니다. 저는 아이들과 학부모들에게 마인드맵 선생님으로 불리기도 합니다. 생각이 정리되지 않을 땐 마인드맵이 아주 효과적입니다. 어휘 능력을 높일 수 있고 생각과 행동에도 많은 변화를 줄 수 있습니다.

마인드맵의 선구자는 레오나르도 다빈치입니다. 레오나르도는 몇 번이고 반복해서 자신이 해야 할 일과 배워야 할 것들을 작성했습니다. 본인이 관찰한 것들도 자세하게 적어 놓았지요. 이렇듯 생각 정리를 통해 내가 발견해 낼 수 있는 많은 것들이 있다는 사실을 아이들이 배워나가야 하는 것입니다. 마인드맵 역시 생각을 많이 해야 기에 뇌를 많이 쓰게 됩니다. 수업의 주도권은 아이들에게 있습니다. 마인드맵은 나를 기준으로 삼게 됩니다. 친구들과 비교하지 않기에 자신감이 생기게 되는 것이지요. 마인드맵은 글을 읽는 방법을 알려주고 그 글에서 중요한 것과 중요하지 않은 것을 구분하는 방법을 훈련하게 됩니다. 구조화해 마인드맵으로 그려내는 과정들을 통해 어려운 글도 읽어낼 수 있는 능력을 기르기 때문입니다. 여기에 분류하고 나열을 한 후 글을 정리하게 되면 한결 수월한 글쓰기와 생각 정리가 가능해집니다. 이렇게 진행하다 보면 점점 발전하는 나를 발견하게 됩니다. 저는 글쓰기의 기초 작업으로 마인드맵을 꼭 해야 한다고 생각합니다.

**셋째, 형식 없는 글쓰기입니다.** 틀에 얽매인 글이 아닌 나만의 글을 씁니다. 이 글을 처음에 쓸 땐 절대 간섭하지 않고 어떻게든 써 내려갈 수 있도록 기다려 줍니다. 간섭과 동시에 그 글은 내 것이 아닌 다른 사람의 글이 돼버립니다. 머리가 하얘져 내가 쓰려고 한 글이 나오지 않기 때문입니다. 창의적이고 독창적인 글이 나올 수 있도록 어느 정도의 시간을 주고 기다려 줍니다. "저는 못해요.", "어려워요." 대부분 처음에 하는 말입니다. 그럴 때마다 저는 "할 수 있어", "넌 분명히 해낼 거야.", "시간 여유 있으니 천천히 하렴. 기다려 줄게." 이런 이야기들을 해줍니다. 정서가 안정되고 마음이 편해야 쓸 수 있기에 안정된 분위기에서 글쓰기를 진행하게 되면 아이들 대부분이 완성도 있는 글쓰기를 해냅니다. 보통 못 한다기보다는 마음에서 오는 부담감이 크기에 이것부터 해소해 줘야 합니다. 주제를 정해주고 거기에 맞추어 글을 쓰고 자신이 쓴 글을 읽어 보며 수정하는 시간을 갖습니다. 처음엔 글쓰기를 어려워하던 친구들도 어느 정도 시간이 지나면 글쓰기에 즐거움을 느끼며 신나게 글을 써내려 갑니다. 독창적, 주도적, 창의적 글쓰기는 우리 아이들이 살아갈 시대에 꼭 필수적인 요건이 될 것입니다.

트라이앵글 독서법은 결국 사유하는 아름다움이라고 할 수 있습니다. 우리 생각과 감정을 표현하고 전달하는 중요한 수단인 것입니다. 생각을 자유롭게 표현할 수 있고 나의 감정을 나타낼 수 있으며 나에 대해 객관적인 시야로 바라보며 이성적인 생각을 하게 하는 것 이것을 토대로 글을 써내려가는 것 이것이 제가 말하고자 하는 트라이앵글 독서법입니다. 부모, 아이, 선생님이 하나가 되고, 소통, 믿음, 공감이 하나가 되어 마음으로 생각하고, 이 세상을 자기만의 방식으로 연구하여 나만의 세계를 만드는 중요한 활동입니다.

독서는 우리를 사유하게 해줍니다. 앞서 말한 활동들은 단기간에 이루어지는 것이 아닙니다. 꾸준한 노력과 믿음이 있어야만 가능한 일입니다. 당장 지금이 중요한 것이 아닙니다. 아이들의 10년, 20년 후의 모습을 그려 봅니다. 독서는 아이들을 멋진 어른으로 성장시킬 것입니다. 책 읽기와 글쓰기로 다져진 아이들의 사고는 자아 형성과 더불어 앞으로 인생을 살아가며 마주치게 될, 수많은 선택의 순간에 아주 커다란 힘을 발휘할 수 있을 것입니다. 지혜롭고 현명한 어른이 되어 나의 판단에 확신을 가지고 행복한 삶을 살 수 있기를 바랍니다. 저는 항상 이 자리에서 아이들과 함께 성장할 것입니다. 아이들이 반짝반짝 빛날 그 순간을 위해 오늘도 함께 나아갑니다.

## 05 책과 함께하는 삶

책에는 온 우주가 담겨 있습니다. 우주를 통해 세상을 배우고 나아가지요. 종이책의 냄새를 맡으며 글을 읽어 내려갈 때 느끼는 행복이란 마치 초록초록한 산을 마주하면서 좋아하는 음악을 들으며 드라이브하는 것과 같은 기분과 비슷합니다. 저는 아이들도 책을 읽으며 행복하고 즐거웠으면 합니다.

인간의 뇌는 어떤 행동을 한 뒤에 뇌 속에서 보상받으면 강화되는 성질을 가지고 있습니다. 즉 보상을 받아 기쁨을 느낄 수 있었던 행동을 재연하여 그 기쁨을 반복하고자 하는 것이지요. 그 결과 그런 행동이 익숙해지고 그럴 수 있도록 도와주는 게 도파민입니다. 도파민은 몰입, 좌절의 극복, 성취와 휴식이 반복되는 과정에 관여합니다. 도파민이 관여하는 자기주도성은 뇌의 사고 시스템, 호르몬, 면역력에 영향을 주기 때문에 아이의 삶을 좌우하지요. 도파민에 의한 책 읽기기 가능해진다면 아이들에게 얼마니 좋을까? 뇌 과학을 공부하며 생각하게 되었습니다. 책을 읽고 글을 쓰며 스트레스를 받는 것이 아닌 기쁨을 느낄 수 있도록 유도하는 게 저의 역할입니다.

글이 우리에게 끼치는 영향력을 알기에 자유로운 글쓰기를 통해 나만의 독창적인 글이 나올 수 있도록 자유로운 분위기를 조성합니다. 바라는 목표를 글로 적고 입으로 되뇌며 원하는 방향으로 흘러갈 수 있도록 많은 대화를 나누지요. 책을 통한 간접 경험을 토대로 배경지식을 더하여 이야기를 나누고 풍부한 글쓰기 재료로 활용합니다. 틀에 갇힌 글쓰기가 아닌 개성 있는 글을 쓰고 생각의 확장을 통해 깊이 있고 수준 높은 글쓰기를 하는 것입니다.

자기 생각이 확장되면서 단순한 책 읽기가 아닌 이유를 알고 책을 접했을 때의 효과는 당연히 좋을 수밖에 없습니다. 책을 읽으며 함께 알아야 할 한 가지는 어휘입니다. 어휘를 모르면 한계가 생깁니다. 책 수준을 높일 수도 없습니다. 그래서 저는 두껍지 않은 책을 반복해서 읽기를 추천합니다. 수업 때도 같이 책을 읽기 위해 얇은 책을 선호합니다. 함께 읽으며 어휘를 익히기에도 좋기 때문이죠. 책을 읽고 오는 것은 결국 숙제가 되기 때문에 결국 부담이 될 수밖에 없습니다. 국어, 책 읽기가 학습이 되는 것을 바라지 않습니다. 자유롭게, 편하게 이어가는 방향을 추구합니다.

초등 3학년부터는 사회, 과학 관련 도서들을 아이들과 함께 읽고 이야기를 나눕니다. 이때 우리 문화, 세계 문화, 원리 과학, 원리 사회책을 함께 읽으면 아이들에게 큰 도움이 됩니다. 머릿속으로 정리를 하며 어려운 어휘를 먼저 접하게 되면서 학교 수업 시간에 더 집중할 수 있게 됩니다. 이 책들을 읽은 후 글쓰기를 진행합니다. 배경지식을 쌓으며 개성 있는 글쓰기까지 완성이 된다면 무척 좋은 방법이 아닐까요? 제가 요즘 문제집을 풀릴 시간에 책을 더 읽는 게 나을까요? 라는 질문을 많이 받습니다. 제 생각은 다독과 정독도 중요하지만, 3학년부터는 꼭 문제집을 풀었으면 합니다. 문제집과 병행을 하면서 부족한 부분을 알아내고 채울 수 있어야 생각합니다. 시중에 많은 문제집들이 나와 있는데 내 아이에게 맞는 문제집은 부모님이 꼭 내용을 보고 골라주셨으면 합니다. 아무리 좋은 문제집이라고 해도 아이와 맞지 않을 수 있기 때문입니다. 꼭 서점에 가서 문제집을 살펴보고 선택했으면 합니다. 책 읽기와 글쓰기 실력을 저학년부터 차근차근 쌓아 올려 중고등학교에 들어가 아이들이 어렵지 않게 공부했으면 하는 것이 바람입니다.

역사, 세계사도 초등 고학년부터 책을 읽고 정리를 하게 되면 흐름을 익히며 단순한 암기를 하지 않아도 됩니다. 한국사를 익히는데 가장 적합한 책은 <용선생 한국사>입니다. 제가 정말 좋아하는 책 중 하나입니다. 이 책이면 한국사를 꼭꼭 씹어 다 내 것으로 만들 수가 있지요. 세계사는 두 종류가 있는데요. <용선생 세계사>와 <통째로 이해되는 세계사> 책입니다. 아이들과 수업하기에는 <용선생 세계사>가 좋고 스스로 정리를 하기에는 통째로 이해되는 세계사 책이 좋습니다. 제 기준에서 이 책만큼 정리가 잘 된 책은 본 적이 없습니다. 이 책들을 고학년~중2까지 읽으며 정리를 하고 글쓰기를 하게 되면 아주 훌륭하고 풍부한 글쓰기가 완성됩니다. 그 전과는 다른 한층 더 수준 높은 글을 볼 수 있게 될 것입니다.

이제부터는 진정한 논술을 할 수 있게 됩니다. 충분히 개성 있는 글을 쓸 경지에 왔으니 틀을 주어 논술하게 합니다. 논술과 토론까지 막힘없이 해내는 아이들을 보면 그동안의 꾸준함이 결실을 이뤘다는 생각이 듭니다. 독서와 글쓰기는 평생 해야 하기에 어릴 적에 시간 투자가 꼭 필요합니다. 책 읽기와 글쓰기는 믿고 기다린 후에 오는 아주 큰 선물인 거죠. 평생 물려줄 수 있는 지적 자산입니다.

책 너머에 아이들의 행복한 미래가 있습니다. 인생이 풍요로워지고 생각의 폭을 넓혀주는 게 책입니다. 소통에서 막힘이 없고 문제해결력도 갖추고 자신 있게 말하는 성인이 됐으면 합니다. 사회의 일원으로 꿈을 이루고자 하는 아이들의 성장을 지켜보며 저도 꿈을 꿉니다. 제 꿈은 아이들과 자연 관찰 수업할 때 같이 볼 수 있는 그림 동화책을 만드는 것입니다. 동화를 만들어 아이들에게 들려주며 감정을 공유하고 싶습니다. 제가 만든 책으로 아이들과 수업하는 날을 위해 오늘도 스케치하고 글을 씁니다. 호호 할머니가 되어서도 지금처럼 아이들을 만나 책으로 이야기 나눌 것입니다. 아이들과 함께하는 삶이 지금보다 더 깊어지고 더 앞으로 나아가기를 바랍니다.

## 🗝️ 3장 지능

# 점에서 원으로 걸어가는 아이들

김인선

# "느린 학습자를 사회의 일원으로 키우다"

    대학에서 디자인을 전공했고 IT 회사에서 디자인팀장으로 일하며 차곡차곡 경력을 쌓았다. 결혼하면서 두 아이의 출산한 후 육아에 전념했다. 현재는 느린 학습자 자녀를 양육하며 뇌 과학 분야 전문센터를 운영 중이다. 느린 학습자 부모 모임에서 활동 중이며, 이들을 위한 사회 제도 및 인식 개선을 위해 노력하고 있다.

- ㈜파낙토스 브린트 동탄반송 센터장
- 정신과학연구소 뇌교육사
- 노인 두뇌훈련 지도사
- 느린 학습자 인지학습 상담사
- 화성시 느린학습자 부모회 "늘품" 회원

- 이메일 brain_study@naver.com
- 블로그 blog.naver.com/brain-school

아이의 잠재력을 깨우는
7가지 열쇠

나는 평범한 가정에서 태어났다. 여느 아이들처럼 학교에 다녔고 당연한 듯 졸업했다. 특별할 것 없는 무척 평범한 일상을 살다가 자연스럽게 사회생활을 시작했다. 그러다 운명처럼 소중한 사람을 만나 사랑에 빠졌고, 행복한 결혼 생활을 시작했다. 보통의 여성들처럼 첫 아이를 출산하며 새 생명이 주는 기쁨과 행복을 만끽했다. 첫 아이의 웃음과 눈빛은 내 인생을 더욱 풍요롭게 만들었다. 나는 일과 함께 부모의 역할에도 충실했다. 이후 첫째 아이와는 또 다른 매력을 가진 둘째 아이가 태어나면서 새로운 세상을 마주하게 되었다. 이 글을 통해 둘째 아이를 키우며 만나게 된 특별하고 소중한 이야기를 전하려고 한다.

세상에는 이런 사람들이 있다. 여기인가? 아니면 저기인가? 여기도 저기도 아닌 그저 중간에서 허우적거리며 떠다니는 아이들이 있다. 이들을 조기에 알아차리기 힘들다. 물론 일찍 발견하는 부모도 있지만 대개는 초등학교 입학 후 문제를 인식하게 된다. 안타깝게도 초등 고학년 때까지 발견하지 못하는 부모도 있다. 전문가들은 신생아 때부터 발달 과정 중 나타났을 거라 말한다. 그 차이가 작다면 작을 수 있고 크다면 클 수 있다. 양육하는 부모의 기준에 따라 달리 보이기 때문이다. 아이가 성장하면서 뭔가 이상하다고 느낄 때가 있다. 하지만 크게 다르지 않아 대수롭지 않게 여기고 넘어가는 경우가 있다. 아이가 기질적으로 매우 순하거나 반대로 매우 예민하다면 전문가에게 조언을 구하는 것이 중요하다.

또한, 영유아 검진을 꼼꼼히 챙기면서 발달 과정을 세밀하게 체크하는 것이 필요하다. 발달 과정에서 나타나는 작은 차이들은 시간이 지나면서 점점 더 눈에 띄게 큰 차이가 될 수 있다. 조기에 발견하고 대처하는 것이 아이의 건강한 성장을 위해 필수적이다. 이 과정은 아이의 미래를 위한 중요한 투자이다. 조기에 문제를 발견하고 적절한 도움을 받는다면, 아이는 더 건강하고 행복하게 자랄 수 있다. 작은 비상 신호들을 놓치지 않고, 전문가와 상의하면서 적절한 조치를 취할 때, 아이의 잠재력을 최대한 발휘할 수 있게 된다.

여기도 저기도 아닌 중간에서 떠다니는 아이들은 경계선 지능인을 포함한 다양한 어려움인 ADHD, 학습장애(난독증, 난산증 등), 경도의 지적장애, 경도의 자폐성 등을 가지고 있는 느린 학습자를 말한다. 표준화된 임상심리 검사와 절차를 통해 장애인 진단을 받지 못하지만, 그렇다고 비장애인에 속하지도 않는다. 현재 느린 학습자는 비장애인과 동일하게 일반학급에서 수업을 받고 있다. 왜냐하면 이들에 대한 인식이 거의 없기 때문이다. 느린 학습자라는 단어조차 모르는 사람들이 많다.

학교와 선생님들이 인식할 수 있는 제도적인 마련이 시급하다. 몇 년 전부터 부모들이 자조 모임을 조성하면서 점차 알려지는 중이다. 느린 학습자는 일반학급의 교육과정을 소화하기 힘들다. 그렇다고 특수학급에서의 교육과정도 이들에게는 적합하지 않다. 느린 학습자라도 학습을 못 하는 것이 아니다. 다만 또래 아이들보다 시간이 조금 더 걸리는 것뿐이다. 그동안 학급에서 공부 못하는 아이, 자신감이 없는 아이 등으로 치부되어 무시당했을 수 있다. 모든 아이가 그러하듯이 이 아이들도 잠재력과 가능성을 가지고 있다. 이 아이들에게 적절한 교육 환경이 제공된다면 교실에서 무의미하게 시간을 보내는 일은 없을 것이다. 이 아이들도 우리 사회의 중요한 일원이다. 우리 사회에서 함께 지낼 수 있어야 한다. 자신이 느린 학습자인지 모르고 성인이 되어서 알게 된 경우도 있다.

아이의 잠재력을 깨우는
7가지 열쇠

주변을 둘러보고 나와 다르다고 해서 무시하지 말고 관심을 기울여야 할 때다. 느린 학습자 자녀를 양육하며 겪는 어려움은 결코 개인만의 문제가 아니다. 우리 사회 전체가 관심을 가지고 지원해야 할 중요한 문제이다. 이 책을 통해 많은 이들이 공감하고 함께 문제를 해결해 나가는 계기가 되었으면 한다. 조금 더하여 사람들이 그들을 이해하고 배려해 주면 좋겠다. 실제로 경계성 지능을 가진 이들은 우리나라 인구의 약 14%인 700만 명 정도이다. 이는 100명 중 14명, 즉 학급당 3~4명 정도에 해당하는 수치로 결코 적은 수가 아니다. 우리 사회가 느린 학습자를 위해 생애 주기에 걸친 지원을 제공할 수 있는 제도적인 마련을 하길 바란다.

이 책이 나오기까지 힘이 돼 주신 이서아 센터장님께 너무나 감사하다. 그리고 집필하면서 포기하려 했던 순간 격려와 응원을 아끼지 않은 '우먼더스토리' 송 대표님께 감사하다. 정말 큰 힘이 되었다. 무엇보다 경력 단절 후 아이들의 양육에만 몰두해 오던 나에게 다른 세상이 있다는 걸 먼저 알게 해준 둘째에게 더없이 감사하다. 왜 나에게 이런 일이 벌어졌을까 생각하며 보낸 지난날들을 반성한다. 보통의 사람들이 알 수 없는 세상이기에 더욱더 값지게 생각한다.

둘째 덕분에 뇌 과학 분야의 새로운 직업을 갖게 되었으니 얼마나 고마운 일인지 모른다. 엄마가 책을 쓴다고 기뻐하며 무조건 응원해 준 사랑스러운 첫째도 너무나 고맙다. 그리고 집필하다가 문득 예전의 서운한 일이 떠올라 그 이야기를 꺼낼 때면, 그저 무한한 이해와 사랑을 보여준 남편에게 감사를 전한다. 우리, 행복하자.

## 01 나의 지극히 평범한 이야기

첫째 아이가 어릴 때 친정엄마의 도움으로 일을 할 수 있었다. 둘째를 임신하면서 첫째 때와는 다르게 유독 입덧이 심했다. 일주일 휴가와 일주일 출근을 반복하다 결국 휴직의 길로 들어서게 되었다. 7개월쯤 입덧이 사라지면서 식욕이 솟고 배가 첫째 때보다 훨씬 많이 불러왔다. 마지막 달에는 뱃속 아기가 딸꾹질도 했다. 배가 불쑥불쑥 튀어나와 움직여서 아팠지만 동시에 신기하기도 했다. 이때까지만 해도 경단녀의 길로 들어설 줄은 꿈에도 몰랐다.

둘째가 태어난 후 병원에서 일주일을 보냈다. 첫째 때와는 다르게 산후 도우미 이모님이 집에서 한 달을 도와주셨다. 그때 첫째는 6살, 유치원 하원 후 같이 있어야 했기 때문에 산후조리원을 갈 수 없는 형편이었다. 그렇다고 첫째 때처럼 친정 부모님 찬스를 쓰기엔 염치가 없었다. 친정 부모님도 공무원 정년퇴직을 하시고 인생 제2의 시작을 하고 계셨기 때문이다. 산후 도우미 이모님은 아침 8시 반에 출근하고 오후 5시 반에 퇴근하셨다. 제일 먼저 첫째 등원을 해주신 후 밤새 나온 빨래와 청소를 하셨다. 다음 나의 점심 식사를 준비해 주셨다. 점심 식사 때부터는 나만의 시간이었다. 이모님이 저녁 식사 준비 전까지 둘째를 전적으로 봐주셨기 때문이다. 둘째가 밤새 자다 깨다를 반복하니, 그 시간엔 무조건 잘 수밖에 없었다.

하루하루 생소한 경험으로 날들을 보냈다. 갓난아기가 시도 때도 없이 울고 먹고 싸고 계속 안고 있어 달라고 했다. 새삼 첫째 때 친정엄마가 옆에서 모두 해주신 것에 감사함을 알게 되었다. 4명의 형제를 키워 사회로 내보낸 대단한 분이라는 것에, 새삼 존경하게 되었다. 뱃속에서 나온 지 얼마 안 된 아기가 잠을 못 자게 하는 날들이 이어졌다. 친정엄마의 말 한마디가 스쳐 지나갔다.

"너도 자식 낳아 키워봐라. 지랑 똑같은 새끼 낳아서 고생 한번 해봐야 알지!" 그때만 해도 얼마나 고생할지 전혀 알지 못했다.

이모님과 약속된 한 달이 끝났다. 나는 삐걱거리는 몸으로 아침부터 저녁, 밤잠을 설쳐가며 남매 독박육아가 시작되었다. 둘째는 다른 아기들처럼 순둥순둥한 편이 아니었다. 소리에 예민해 자다가도 작은 층간 소음에 일어나 울었다.

남편은 결혼 후 1년은 시험과 합격, 1년은 연수를 받고서야 제대로 된 사회생활을 시작했다. 3년 차로 무조건 열심히 해야 할 시기라 이른 아침 출근하고 저녁 늦게 퇴근했다. 그런 남편에게 늦게 출근하고 일찍 퇴근하라고 강요할 수 없었다. 나는 회사로 복귀하고 싶었지만 생각이 많아졌다. 첫째의 등·하원, 둘째 돌보기, 집안일, 아이들 먹거리와 저녁 준비를 누군가 해줘야 했다. 이런 것들을 믿고 맡길 수 있는 사람을 찾아보다 결국 경단녀의 길로 접어들었다.

집안에서 하루는 너무 바빴다. 잠에서 깨자마자 아침상 차리고 남편과 첫째를 깨워 식탁에 앉혔다. 그러는 사이 꼬물거리며 울고 있는 둘째에게 우유를 먹였다. 내가 아침을 먹는 사이 첫째는 세수와 양치 후 분홍색 원피스를 골라 입고 머리 손질을 해달라고 했다. 준비가 끝나면 둘째를 유모차에 태우고 아파트 정문까지 나가 첫째 유치원 등원 버스를 태웠다. 어디 멀리 보내는 것도 아닌데 등원 버스 안에 있는 아이가 안 보일 때까지 손을 흔들었다. 약속이나 한 듯 등원 버스가 떠나자마자 엄마들의 수다가 이어졌다. 나는 둘째가 칭얼거릴 때까지 남의 집 이야기를 듣고 맞장구치며 시간 가는 줄 몰랐다. 일을 할 때와는 또 다른 재미가 있다는 걸 알게 됐다. 집으로 들어와 둘째를 달래가며 설거지, 청소, 빨래 등등하다 보면 어느새 첫째 하원 시간이 되었다. 둘째랑 또다시 정문으로 향했다. 저녁 시간이 될 때까지 놀이터에서 두 아이를 살피며 엄마들과 또 한 번의 폭풍 수다를 즐기고서야 집으로 들어갔다. 저녁 식사를 하고 둘을 차례로 씻겨 잠옷으로 갈아입혔다. 그제야 나도 애들 옆에 누워 뒹굴거리다 하루를 마무리할 수 있었다.

둘째는 어느덧 돌잔치를 하게 되었다. 돌잡이에서 청진기를 집어 들어 모두가 의사가 될 아이라고 기뻐하며 축하해 주었다. 하지만, 내심 걱정되는 부분이 있었다. 돌이 된 다른 아기들은 혼자 뒤뚱거리면서 잘도 걸어 다니는데, 손을 잡아 주어야 걸을 수 있었다. 돌 지난 한 달 후 13개월이 되어서야 혼자 걸을 수 있었다. 그 후로도 한 달씩 늦어지는 둘째의 성장 과정이 신경 쓰이기 했지만, 영유아 검진 때 의사 선생님의 "이 정도는 문제기 되지 않습니다. 좀 더 지켜봐도 됩니다."라는 말을 듣고 큰 걱정은 안 했다.

하지만 26개월이 지나도록 말하는 단어가 엄마, 아빠, 물, 우후(우유) 4개밖에 되지 않아 슬슬 걱정됐다. 하지만 큰 문제가 있을 거라고는 전혀 생각 못 했다. 아는 엄마에게 물어보니 아들은 원래 더 늦기도 하지만 본인 아이는 36개월 지나서 말했다고 걱정하지 말라고 했다. 당시 그 아이는 초등학교 2학년 말을 참 잘하고 모범생으로 소문난 아이였다. 찜찜하지만 둘째가 말을 못 알아듣는 게 아니고 행동으로라도 표현을 하니 36개월까지 기다려 보기로 했다. 그렇게 시간이 흘러 36개월이 되었을 때 예약해 둔 대학병원에서 웩슬러 지능검사를 실시했다. 어렸기에 엄마가 옆에 앉아 검사가 진행되었다. 언어능력은 괜찮은 듯했다. 다만, 표현 가능한 언어와 운동 기능이 연령 기준에 미달될 것 정도는 눈치로도 알 수 있었다.

일주일 후 결과를 보려고 교수님을 만났다. 결과지에는 지능지수가 평균 이상으로 높았고 F코드(정신질환과 관련된 질병분류기호)가 없이 발달 지연으로 되어 있었다. 수용 언어는 정상이지만 표현 언어가 지연되고 있으니 언어 치료를 시작하라고 하셨다. 나는 그때까지만 해도 둘째의 지능이 나쁘지 않다는 사실에 더 큰 일이 벌어질 거라고 생각조차 하지 않았다. 아니 하고 싶지 않았을지도 모른다. 둘째의 언어치료가 시작되면서 말이 폭포수처럼 쏟아지기 시작했다. 나는 그동안 언어 자극을 주지 못했다고 자책했다. 책을 많이 읽어주었고 놀잇감도 유난히 많이 사들여 여러 자극을 주었다. 그러던 어느 날, 가족 여행 중 둘째는 자동차 창밖으로 보이는 간판을 보고, "할머니, 저거 담배 아니예요?"하며 글자를 읽는 것이었다.

"어이구, 우리 똥강아지가 벌써 한글을 읽을 줄 알아? 집안에 천재가 나왔구나! 돌 때 청진기를 잡더니 의사가 될 놈이 분명하네!"

두 아이 모두 한글을 따로 가르치지 않았다. 책을 읽으며 자연스럽게 한글을 깨쳤다. 나는 말이 늦어 걱정하고 검사에서 발달 지연을 진단받은 사실을 까맣게 잊고 세상 날아갈 것만 같았다. 한술 더 떠 수와 셈도 가르쳐보니 잘 습득했다. 이제 어린이집을 거쳐 유치원까지 보내면서 일을 다시 시작할 결심을 했다.

나는 첫째가 2년간 다녔던 B 놀이 학교에 둘째도 보내기로 했다. 영어 시간이 반 이상인 집에서 가까운 곳이기도 했다. 누나처럼 영어도 배우고 발표회 때 맨 앞 한가운데 자리에 서서 다른 아이들이 둘째를 보며 따라 하는 상상을 해보며 기뻐했다. 입학하고 하루, 이틀 그리고 사흘째에 이르자 둘째는 가기 싫어했다. 난생처음 다녀서 그랬거니 하고 대수롭지 않게 생각했다. 하지만 시간이 지날수록 둘째는 더 강하게 떼를 쓰며 안 가겠다고 했다. 나는 B 놀이 학교를 찾아가 원장님과 담임 선생님을 만나 뜻밖의 이야기를 전해 들었다. 수업 시간에 조금 참여하다 갑자기 일어나 문을 열고 나가 놀이 기구 있는 곳에 가서 혼자 놀고, 다른 아이들과 섞이려고 하지 않는다고 했다. 점심시간에도 원장 선생님이나 원감 선생님 또는 교실 밖에 상주하고 계시는 보조 선생님과 단둘이서 먹었다고 했다.

첫째가 다닐 때부터 원장, 원감, 일부 선생님들은 이미 둘째를 잘 알고 있었기에 원장 선생님은 조심스럽게 걱정되는 부분을 전달해 주셨다. 그때부터 심상치 않은 불안감을 느끼기 시작했다. 둘째가 만 48개월이 되었을 때 다시 검사를 받았다. 36개월 때와 다르게 지능지수와 활용 언어 그리고 수용 언어 모두 연령 이상 나왔다. 하지만, 운동 관련(대근육, 소근육) 부분과 사회성 관련의 발달 지연으로 나왔다. 대학병원에서는 일부 발달 지연이라고만 하고 다른 진단을 내려주지 않았다. 감각통합치료와 사회성 발달 관련 치료를 받으라고 했다. 그때는 여느 엄마들처럼 아이를 원에 보내고 다시 일할 준비를 할 수 없을 거라는 예감을 했다.

아이의 잠재력을 깨우는
7가지 열쇠

둘째는 B 놀이 학교를 그만두었고, 외벌이 남편의 수입을 미친 듯이 모두 치료비로 쓰기 시작했다. 또래 아이들이 어린이집을 다닐 때 둘째는 아동 발달센터에서 대부분의 시간을 보냈다. 처음 언어치료를 시작했을 때 폭포수처럼 쏟아졌던 것처럼, 사회성과 대근육, 소근육도 발달이 잘될 줄 알았다. 하지만 내 예상과는 달리 대근육, 소근육은 발달이 너무나 더뎠고 사회성은 좋아질 기미가 보이지 않았다. 치료 중에도 둘째는 또래 친구들에게 관심이 전혀 없고 성인이나 누나, 형들과만 대화하려 했다. 이것만으론 안 될 것 같아 또 다른 결심을 했다. 발달센터에서만 많은 시간을 보내는 거보다 자연스럽게 또래 경험을 할 수 있는 유치원에 보내야겠다고 말이다.

사설이 아닌 병설유치원을 선택했다. 공교육의 틀 안에서 둘째가 힘들어하는 부분에 대한 도움을 받기 위해서였다. 그렇게 병설유치원 6살 반에 들어가 담임 선생님의 배려와 도움을 받으며 오전 시간을 보내고 오후 시간엔 발달센터에서 보냈다.

둘째가 조금 성장을 해서인지 유치원을 가기 싫어하지도 않았다. 사실 도움반에 보낼 생각을 하고 받아들일 마음의 준비를 위해 병설유치원을 보낸 것이다. 7살 형님 반으로 올라가서도 보조 바퀴가 없는 두발자전거를 타기 힘들어했다. 매일 보는 반 친구들과는 대화를 거의 하지 않았다. 친구가 걸어오는 말에 짧게 대답만 하고 대화를 유지하는 방법을 모른 것이다. 유치원 교실 안에서 학습은 비교적 잘 따라갔지만, 신체활동을 할 때는 규칙을 무시하거나 기다리지 않고 먼저 하려 했다. 급식실을 갈 때도 맨 앞에 서서 가려고 했다. 통제가 힘들다는 담임 선생님의 말씀이 반복되고 있었다.

나는 둘째는 도움반 선생님의 도움을 받기로 결심했다. 도움반이란 1반부터 있는 일반학급과는 달리 학교의 장애 아동을 위한 특수학급을 말한다. 특수교육이 필요한 학생을 위해 일반학급과는 다른 층에 있는 학급이다. 특수교육지원센터에 먼저 신청하고 알려주는 절차에 따랐다. 대학병원에서는 80만 원 가까이 들여 검사를 했었는데 비용이 1도 들지 않았다. 하지만 특수교육 대상자가 될 수 없다는 결과가 나왔다. 나는 그 결과가 내심 나쁘지만은 않았지만 앞으로 남은 유치원 생활과 펼쳐질 초등학교 생활이 걱정되었다. 유치원 담임 선생님은 이런 결과를 존중하고 더욱 배려해 주셨다. 덕분에 창의상까지 받으며 졸업할 수 있었다.

## 02 점으로 불리는 아이들

둘째는 수도권에 몇 안 되는 초등학교 전교생이 몇 명 없는 분교에 입학했다. 또래와 자발적으로 어울리지 못하는 사회성을 걱정한 선택이었다. 살고 있는 아파트 단지 내 초등학교를 두고도 분교 주변 오피스텔을 임대했다. 그리고, 나와 둘째만 주소 이전을 했다. 실거주자처럼 꾸며 멀리 등하교를 결심하기까지 쉬운 일은 아니었다. 가까운 초등학교 대부분의 학년이 12반, 인원도 과밀이라 35명씩이나 되는 곳에서 둘째가 견뎌내지 못할 것만 같았다.

수업이 제시간에 끝나지 않으면 끝났다며 선생님께 따져서, 아이들의 따가운 시선을 받는 모습이 상상되었다. 체육 시간에 움직임이 빠르지 못해 이리저리 치이는 모습, 외부 체험 학습 때 뒤처져 두리번거리며 우는 모습 등 여러 상황이 머릿속을 스쳤다. 전교생이 적은 학교였고, 아이들이 적은 반에 속해 있으면 그래도 불안한 상황이 덜 할 것 같았다. 오래된 건물의 작은 분교에서 입학식을 하는 둘째를 보았다. 아이는 가녀린 점으로만 보였다. 1학년이 12명인 분교가 된 후 가장 많은 아이가 입학했다. 입학생이 가장 많은 해였다. 아이들이 반가운지 담임 선생님은 한껏 미소 짓고 계셨다.

"안녕하세요? 저는 1학년 담임 조00 선생님입니다. 우리 반이 된 여러분 너무 반갑고 환영합니다. 우리 친구들도 그런가요? 일 년 동안 선생님과 잘 지내봐요. 지금부터 이름표를 나눠줄 거예요. 선생님이 이름을 기억할 때까지만 목에 걸고 수업할게요. 앞으로 나와서 이름표를 받아 갈까요? 순서대로 줄을 서서 받아요."

행동이 빠르지 못한 둘째는 마지막 무리 뒤쪽에서 차례를 기다렸다. 뒤 친구의 몸에 밀려 앞 친구를 밀게 되었다. 앞 친구는 기분이 나빴는지 뒤돌아 둘째를 때렸다. 가녀린 점은 어떠한 대응도 하지 못하고 가만히 있었다. 둘째는 기분이 나빠 보였다. 하지만 어떻게 해결해야 할지 몰랐을 것이다. 나는 속상했으나 선생님께서 얼른 해결해 주길 바라는 거 말고 할 수 있는 게 없었다.

첫날부터 교실은 삐걱거리기 시작했다. 줄 서 있는 아이 중엔 기다리는 것이 힘들어 누워있거나, 선생님 말씀을 못 들은 건지, 일부러 그러는 건지, 그냥 자리에 앉아 있는 친구도 있었다. 몇을 제외하고 둘째와 비슷한 이유로 분교를 찾아 입학한 것이었다. 그중 몇 명은 장애 진단을 받을만한 아이도 보였다. 둘째처럼 특수교육 대상자로 선정되지 못한 아이도 있었다. 장애 진단을 받지 못하지만 도움이 필요한 아이들, 특수교육 대상자로 선정되지 못했지만 도움이 필요한 아이들, 요즘 이런 아이들을 '느린 학습자'라고 부른다. 둘째가 초등학교 입학할 때는 이 단어가 없었다. 아직도 생소한 단어로 널리 사용되고 있지는 않다.

느린 학습자란 학습 능력이 또래에 비해 상대적으로 느린 아이를 가리키는 말이다. 여기서 학습은 공부만을 말하는 것이 아니라 사고, 행동, 운동 등 일상생활을 지속하는 데 필요한 대부분을 포함한다. 이들은 새로운 정보를 이해하고 처리하는 데 있어 또래보다 시간이 더 필요하다. 듣고 이해해 자기 것으로 만드는 속도가 조금 더 길다고 이해하면 된다. 또한, 표현이 서툴러 관계 형성의 어려움을 가지고 있다. 경계선 지능을 지닌 이들을 포함한 경도의 지적장애, 경도의 자폐성, ADHD, 학습장애(난독증, 난산증 등)을 지닌 이들이 느린 학습자에 속한다고 볼 수 있다. 경계선 지능은 DSM-4(2011년, 웩슬러 검사-4) 지능지수 70~85 사이를 말한다. 지능 분포도를 보면 13.6%로 지적장애에 해당하는 2.28%의 인구보다 약 6배가 많다. 일반 학급에 3~4명 된다고 추정하고 있다. 이렇게 가녀린 점인 느린 학습자들은 어려움이 있어도 어떠한 도움을 받지 못하고 있다.

입학 후 둘째는 여전히 또래와 대화보다는 선생님과 교내에서 일하는 영양사 선생님, 교감 선생님과의 대화를 즐겼다. 쉬는 시간 종소리가 들리면 밖으로 나와 화단을 가꾸시는 교감 선생님께 다가가 대화를 시작한다.

"교감 선생님, 왜 땅을 파요? 저는 손에 흙이 묻는 게 싫어요. 선생님은 흙이 묻어도 기분 안 나빠요?"
"당연히 기분 안 나쁘지. 선생님은 지금 꽃을 심는 거란다."
"꽃이 없는데요. 초록색 줄기와 잎만 있잖아요."
"이걸 심고 키우면 꽃이 피어나는 거란다."
"아, 어떤 꽃이 나와요?"
"튤립이 나온단다."
"왜 튤립을 심어요?"
"튤립이 꽃이에요?"
"어떤 색으로 나와요?"
"파란색도 있어요?"

둘째는 자기 하고 싶은 말을 늘어놓으며 시간을 보냈다. 쉬는 시간이 끝나는 종소리가 들리자 다른 아이들은 서둘러 교실로 향했다. 둘째는 교실에 들어갈 생각이 전혀 없었다. 교감 선생님은 하던 일을 멈추시고 둘째를 교실로 데려다주셨다. 다음 쉬는 시간에는 영양사 선생님을 찾아가 이야기를 시작했다.

"선생님, 오늘 급식은 뭔가요?"
"여기 적힌 거란다"
"와! 내가 좋아하는 반찬만 있네요. 빨간 김치 빼고요."
"김치 싫어하니? 왜 싫어할까?"
"매워서 못 먹어요. 하얀 김치로 바꿔주세요. 그런데 오늘 나오는 반찬은 누가 정하는 건가요?"
"선생님이 정하는 거지. 그런데 왜?"
"선생님 마음대로 정하는 건가요?"
"그렇다고 할 수 있지. 그런데 너희들이 골고루 영양소를 먹을 수 있도록 계획해서 정하는 거란다."
"내가 좋아하는 거 많이 정해주세요. 저는 스파게티, 피자, 돈가스를 좋아합니다." 이런 식이었다.

쉬는 시간이 지났는데도 교실에 들어갈 생각이 없었다. 영양사 선생님도 하던 일을 멈추고 교실로 데려다주셨다. 사실 둘째는 교실에서 아이들과 대화하는 걸 좋아하지 않았다. 본인이 궁금한 걸 주로 질문했고 다른 애들이 둘째에게 질문하면 짧게 대답했다. 또 본인이 원하는 답을 듣기 위해 말이 길어진다. 아이들은 끝까지 들어주지 않고 말끝을 흐리며 다른 아이에게 가는 일들이 많았다. 그래서 쉬는 시간이면 밖으로 어른을 찾아 나갔던 것이다.

수업 시간에도 선택적으로 참여와 불참을 반복했다. 내가 우려했던 일이 벌어지고 있던 것이다. 둘째가 아동 발달센터를 열심히 다니던 5살 때 집으로 선생님을 모셔 가베 수업을 받은 적이 있었다. 40분 수업 중 20분을 선생님과 실랑이를 벌이곤 했었다. 자동차에 몰두해 있었을 때라 수업 주제가 자동차와 같은 탈것이 아니면 불만을 내뿜었다. 그러다 잘못 사용하면 무기가 될 수 있는 가베를 선생님께 던진 적이 있었다. 가베 선생님께 사과를 전하고 둘째의 성향을 말씀드렸다. 발달 지연의 문제가 있는 것과 마음에 들지 않는 것을 받아들이는 것이 힘들다고 알려주었다. 검증되고 정해진 수업 과정을 준비해 오는 것도 좋지만 개별 수업인 만큼 둘째를 위해 탈것과 연계해서 준비해 주길 요청드렸다.

하지만 선생님은 더 이상 수업을 못 하겠다고 하셨다. 분교 입학 후에도 비슷한 일들이 일어나지 않을까 노심초사하고 있었다. 아니나 다를까 하고 싶은 수업 시간만 참여하고 하기 싫은 시간은 갑자기 벌떡 일어나 뒤로 나가 사물함을 열어 놀잇감을 찾았다. 이런 일들 때문에 나는 담임 선생님의 호출을 여러 번 받았고 둘째에게 주의를 주기 위해 교실 안과 밖에서 대기하는 날이 여러 차례 있었다.

그렇다고 안 좋은 일들만 있진 않았다. 둘째는 학년 독서 골든벨에서 3등을 하기도 했다. 전교생 교내 독서퀴즈에서 1학년으로 1등의 영예를 얻어 모두를 놀라게 했고 학교 신문에 실리기도 했다. 적은 인원인데도 시기와 질투하는 엄마들이 있었다. 둘째가 찍어서 1등 했다며 수근댔다. 그러거나 말거나 나는 잠시 어깨 뽕이 들어간 듯 우쭐함을 즐겼다. 그날 저녁은 둘째가 가녀린 점이라는 사실을 까맣게 잊고 케이크와 치킨으로 네 가족이 행복을 만끽했다.

분교 옆 대규모 아파트 단지가 들어섰다. 분교가 일반 초등학교로 바뀌면서 한 학년에 여러 반이 될까 걱정했다. 그런데 다행히 두 반이 됐다. 학교와 주변 시설의 규모가 달라졌다. 또래 아이들과 외모를 제외한 성장 속도는 다르지만 둘째도 성장했고 수업 시간에 하지 말아야 하는 행동에 대해서 배워갔다. 3학년까지는 학교 수업을 못 따라가거나 문제집을 풀 때 큰 어려움이 없었다.

하지만 4학년이 되면서 흥미를 느끼지 못하는 과목 교과서에 낙서하고 지필 평가지에 (C+별 모양 그림)을 그려 반항을 표시하기도 했다. 둘째는 이때부터 학습하는 데 있어, 또래에 비해 조금 더 긴 시간이 필요했다. 연필을 잡고 쓰는 것도 힘들어했다. 연필을 잡을 때 손가락, 손목, 팔을 어떻게 사용해야 하는지 몰라 온갖 힘을 주어 글자를 썼다. 손과 몸에서 땀이 날 정도였다. 다른 아이들은 자연스럽게 습득하는 행동이지만 둘째에게는 버거웠다. 그러니 주어진 시간 안에 글자를 쓰려면 힘들어하고 하기 싫어했던 것이었다. 느린 학습자는 사람들이 잘 알지 못하는 작은 점으로 인식된다. 둘째의 경우 글씨를 쓰기 위해 연필을 잡는 방법부터 학습해야 하는 것 등에 적절한 학습 방식이 지원되어야 성장하고 발전할 수 있다.

이들의 지능은 대체로 표준화된 지능 검사(DSM-4)의 결과를 보면 70~85(+-1표준 편차) 사이지만 평균에 가까운 경계선에 있어 학습 속도가 또래보다 조금 느리다. 경계선 지능보다 좋은 지능을 가지고 있더라도

ADHD, 경도의 자폐성 등의 다른 특수성이 있어서 학습 속도에 영향받는 아이들도 이에 속한다. 속도가 느리다고 해서 특수학급의 수업이 맞는 것도 아니다. 이들의 속도에 필요한 맞춤형 학습 제도가 필요하다. 둘째는 여기도 저기도 속하지 못하고 이리저리 떠다니는 가녀린 점, 경도의 자폐성을 지닌 느린 학습자였다.

둘째는 다른 느린 학습자들처럼 일반학급에서 지내며 학업 성취도가 점점 낮아졌다. 아니, 성취감을 느낄 수 있는 경험을 할 수 없는 상황이 연속되어 일어났다고 표현하고 싶다. 수업 시간 내 완성해 제출해야 하는 것들을 알아서 척척 해내지 못했다. 커가면서 자신의 장단점을 너무나도 잘 알았다. 교실 내에서 반 친구들과 웃고 이야기 나누며 지내지 못했으니 위축되어 있었을 것이다. 둘째만의 능력이 있음에도 드러내지 못해 자신감을 잃어 자존감도 낮아졌다. 느린 학습자들은 초등 고학년, 중학생, 고등학생이 되면서 심한 경우에는 무기력과 우울을 동반하는 경우가 빈번해진다. 이 아이들의 학습 능력은 또래에 비해 2년 정도 뒤처질 뿐이지 잠재력이나 학습 능력이 현저하게 떨어지는 것이 아니다. 학교에서는 이 아이들에게도 좋은 영향력을 줄 수 있는 경험의 기회를 제공해야 한다.

둘째가 5학년, 6학년이 되면서 또래 아이들만큼은 아니지만 쑥쑥 자랐다. 반 친구들의 몇몇 단톡방에 초대되어 그 안에서는 일상적인 대화를 주고받았다. 물론 숙제를 적어 오지 못해 숙제를 물어보는 게 주였다. 둘째에게 번호를 물어보는 친구들도 있었지만 둘째가 물어보면 안 가르쳐 주는 아이도 있었다. 단지 내에서 산책하다 반 친구들을 만나면 먼저 인사를 건네는 친구도 있었지만 둘째가 먼저 인사를 건네면 모른 척하며 지나가는 친구도 있었다. 그런 이야기를 보고 듣는 나는 둘째보다 더 속상했다.

중학생이 될 둘째를 위해 나는 다시 한번 특수교육청의 문을 두드렸다. 살고 있는 곳에 중학교는 모두 10반 이상이며 인원 또한 과밀이었다. 사춘기 남자아이들의 과격한 말과 행동 속에서 치이는 상상이 되었다. 또 한 번의 절차를 밟았다. 둘째는 이런 걸 왜 자기가 해야 하는지 이유를 물었고 화를 내며 성실하게 임하지 않았다. 어렴풋이 알고 있는 듯했다. 결과는 또래와 어울리는 것이 힘들고 하기 싫은 것들을 해야 할 때 감정 조절이 원활하지 못해 정서·행동으로 인한 특수교육 대상자에 선정이 되었다.

둘째에게 차분히 설명해 주면서 힘들 때 도움반 선생님의 도움을 받아보자 권했다. 둘째는 화를 내며 안 가도 되는데 왜 그랬냐며 날 원망했다. 도움반의 문을 두드리기까지 내 마음에는 커다란 멍이 들었다. 둘째의 반응에 가슴이 찢어지고 더 힘들었다.

일반학급과 다른 층에 있는 도움반에 가기 싫어하는 둘째를 위해 특수교육지원센터에 문의했다. 아이가 원하지 않으면 수업 시간 중 특수학급에 내려가지 않는 완전 통합을 하면 된다고 했다. 알리지 않으면 반 아이들이 모른다고 했다. 그래도 특수한 상황이 생기면 특수학급 선생님의 도움을 받을 수 있다고 했다. 완전 통합으로 중학교에 진학을 하면 특별 전형으로 원하는 중학교에 0순위로 무조건 입학할 수 있다는 새로운 사실도 알게 되었다. 둘째에게 다시 이야기해 주고 중학교를 선택할 수 있게 해주었다. 둘째는 특수학급 선생님이 본인을 아는 척하지 말아 달라는 조건을 제시했다.

중학교 입학을 하고 나는 더 불안했다. 1학년이 12반, 한 반에 36명으로 늘어난 교실 안에서 교과 학습을 따라가지 못해 이리저리 둥둥 떠다니는 점이 머리를 맴돌았다. 그렇다고 특수학급에서 특수교육과정을 학습하는 것도 무의미했다. 느린 학습자는 이도 저도 아닌 중간에서 버려진 점인 셈이다. 현재 국내에는 유일한 경계선 지능인을 위해 2022년 개소한 밈(min) 센터가 서울시에 한 곳이 있다. 느린 학습자 중 경계선 지능인( BIF, Borderline Intellectual Functioning )은 많은 비중을 차지한다. 전국 대부분 학교 교실에는 경계선 지능을 지닌 이들이 적어도 3~4명일 것으로 추정하는데. 여기가 유일무이한 센터라니 너무 안타깝다.

　미국은 모든 학교에서 학교생활이나 학습이 어려운 학생에게는 학교장의 추천으로 아이에게 필요한 교육이 따로 이루어질 수 있도록 간단한 절차만 필요하다고 한다. 우리도 이런 절차가 간단하게 이루어지면 좋겠다. 한 반에 느린 학습자는 3~4명보다 더 많을 것이다. 제도적 마련이 너무나 시급하다. 현재 우리나라 느린 학습자의 부모들은 이쪽도 저쪽도 아닌 떠다니는 점이 교실에서 방치되고 있는 것보다 차라리 특수학급에서 조금이나마 도움이 될 수 있는 부분이 있을까 싶어 둘째의 경우와 같이 하는 게 현실이다. 하지만 이마저도 선정되지 못해 안 되는 경우가 대부분이다. 나는 화성시 느린 학습자 부모회 '늘품'과 함께 '밈'센터 견학을 다녀온 적이 있다. '밈'은 경계선 지능인의 꿈을 평생 밀어주는 센터인 만큼 들어서면서부터 느린 학습자로 보이는 성인들이 보였다. 한쪽 교실에서는 그들을 위한 직업 교육이 있었다.

　늘품의 부모들은 방해가 될까 조용히 움직여 다른 교실로 들어가 설명을 들었다. '밈'센터에서 경계선 지능인을 발굴하고 지원 대상자를 선별해 생애주기별 맞춤 프로그램을 제공한다고 했다. 듣는 내내 전국적으로 확산되어 각 지역마다 있으면 얼마나 좋을까 하는 생각을 해보았다. 느린 학습자에게 문해력과 사회성 기술을 배울 수 있는 개별 및 그룹 활동, 직업 교육과 연계까지 필요한 프로그램이 있었다. 게다가 교육 프로그램을 개발해 꾸준히 자립을 지원하고 있다. 당장이라도 둘째를 그곳에 데리고 와야만 할 것 같았다. 다만, 아쉬운 점이 있다면 선별 대상이 경계선 지능인만 혜택을 받을 수 있다는 것이었다. 경계선 지능인을 포함한 느린 학습자가 대상이 아니라 경계선 지능으로만 선별한다고 했다. 전국 센터에서는 경계선 지능인만이 아닌 느린 학습자가 대상이 되어야 한다. 느린 학습자를 품어 줄 수 있는 곳이 거의 없으니 마음이 급했다.

# 03 지능을 올리는 골든타임

나는 둘째가 어떤 부분이 부족한지 잘 알고 있었지만, 사실 초등 저학년 때까지 만해도 지능에 대한 큰 걱정을 안 했다. 글자를 읽고 쓰며 의미를 이해하고 수 개념을 이해하는 것에 만족했다. 하지만 분교에서 일반 초등학교로 바뀌고 고학년이 되면서 학습을 회피하는 모습이 보이면서 신경 쓰였다.

'하기 싫은 걸까?'
'못 하는 걸까?'
'이해가 안 되나?'
'퇴화가 된 걸까?'

여러 생각들로 불안했다. 뇌 신경망의 발달은 유아기에 거의 끝난다고 본 기억을 되새기며 걱정했다. 병원에 가서 검사하자고 하면 자기가 왜 그런 걸 해야 하냐고 따지며 귀에 딱지가 앉을 정도로 말할 게 뻔했다. 병원에서 하는 임상 심리 검사는 대략 두 시간 정도 걸린다. 둘째가 검사하는 선생님께 따지며 중간에 탈출할 것만 같았다. 좀 더 짧은 시간에 정확도가 높은 검사 방법을 여러모로 알아보았다. 그러다 뇌파 측정으로 뇌 기능의 정도를 평가할 수 있다는 것을 알게 되었다. 측정시간도 5분밖에 걸리지 않는다고 했다. 현재 뇌 활성 정도와 주의력, 집중력, 불안, 좌우뇌 균형 등 여러 부분을 알 수 있는 검사다. 그런데 뇌파 측정으로 뇌 기능 검사를 할 수 있는 곳이 근처에 없었다. 그나마 제일 가까운 곳이 분당이었다.

예약 당일 둘째를 데리고 P통합 뇌센터를 방문했다. 박사님께서는 헤어밴드와 비슷한 걸 이마에 두르고 5분 동안 가만히 앉아만 있으면 된다고 하셨다. 5분 동안 가만히 앉아 있기만 하면 되는 거니 검사는 순조로웠다. 나는 두근거리는 맘으로 결과를 기다리고 있었다. 결과는 생각보다 빨리 나왔다. 몇 분 지나지 않아 박사님의 설명이 시작되었다. 현재 둘째의 뇌는 느린 뇌파가 지배적이어서 주의력과 집중력, 기억력에 방해가 되어 일상생활이나 학습에 문제가 나타날 수 있다고 하셨다. 또한 우뇌보다 좌뇌 쪽에 느린 뇌파가 더 많이 존재했고 좌우뇌 균형이 좋은 편이 아니라고 하셨다. 감정의 기폭이 있으며 긴장감과 불안도가 높게 측정되었다고 하셨다.

둘째를 항상 보고 있었던 사람처럼 말씀하셔서 신기했다. 측정된 뇌파 3차원 그래프를 처음 보는데도 붉은 계열의 색 여러 개가 불뚝 솟아있어 불안해 보였다. 파란색 계열의 색도 들쑥날쑥 떠 있는 것이 한눈에 보였다. 차분하게 가라앉아 있어야 정상 뇌파라는 것을 추측할 수 있었다. 내 표정은 점점 어두워졌다. 박사님은 내 마음을 읽기라도 한 듯 세상 다 산 사람처럼 그런 표정으로 있을 필요가 없다고 하셨다. '뇌신경 가소성(neuroplasticity)'에 대해 설명해 주시며 나를 안심시켰다. 신경 가소성은 뇌가 스스로 신경 회로를 바꾸는 능력을 말한다. 뇌가 학습이나 기억 등에 의해 신경세포(뉴런, neuron)가 변화하는 능력이다. '뇌 신경망(뉴럴 네트워크,:neural network)'의 발달은 유아기에 거의 끝난다고들 알고 있다.

하지만 뇌의 신경계는 평생 끊임없이 변한다. 새로운 언어나 운동 기능의 습득은 유년기에 사용되는 새로운 신경계의 활동성이 최대치를 보인다. 이때가 학습 능력을 좌우하는 지능을 높일 골든타임이라 볼 수 있다. 그렇다고 유년기가 끝나면 지능을 높을 수 없다는 말이 아니다. 뇌 신경계는 누구나 성장하면서 성인기나 노년기가 되면 감소한다. 그래도 꾸준히 새로운 언어나 운동 기술을 어느 정도의 수준까지는 습득이 가능한 뇌신경 가소성을 평생 유지한다. 나는 둘째의 지능을 높이기 위한 골든타임이 끝났다는 생각을 접었다. 그리고 모든 학습 능력을 좌우하는 지능을 높이는 방법을 정리해 보았다.

첫 번째, 신경 가소성을 기반으로 하는 뇌 과학의 도움을 받아 뇌 기능을 끌어올릴 결심을 했다. 뇌 기능이 올라가면 뇌가 활성화되니 지능이 좋아지는 건 당연하기 때문이었다. 둘째가 초등 고학년 때 알게 되어 조금이라도 일찍 알았으면 하는 후회가 앞섰지만, 그럴 시간이 없었다.

우리 둘째를 위해 선택한 두뇌훈련(뉴로피드백)은 현재 뇌파 상태를 알려주고 목표하는 뇌파 상태를 정한다. 그다음 목표에 도달하도록 조절하는 방법을 익히는 방법으로 뇌 기능을 향상한다. 뇌 기능의 향상은 뉴런 간의 원활한 소통이 일어나 정보를 받아들이는 속도와 기억이 좋아지는 것을 의미한다. 즉, 학습 속도와 기억력이 좋아지는 것이니 지능이 높아질 수밖에 없다. 둘째에게 부족했던 주의력과 집중력, 기억력은 물론 정서에도 좋은 영향을 줄 수 있었다. 두뇌훈련(뉴로피드백)은 뇌파 측정 때와 똑같이 전극이 있는 헤어밴드를 이마에 두르고 컴퓨터 화면으로 프로그램을 따라가기만 하는 편한 방법이다. 둘째의 뇌파로 숟가락을 접는 화면이나 자동차를 움직이는 화면을 처음 봤을 때는 신기하고 놀라웠다. 게임처럼 즐기면서 하는 프로그램도 있어 거부감 없이 했다.

두 번째, 여유 시간을 이용해 산책과 등산을 하기로 다짐해 보았다. 둘째는 어려서부터 신체활동을 싫어했다. 소근육과 대근육이 제대로 발달하지 못해 몸 쓰는 방법을 잘 몰랐다. 줄넘기할 때 팔과 몸을 어떻게 움직여 얇은 줄을 뛰어넘어야 하는지 몰라 발에 걸렸다. 보조 바퀴를 뗀 두발자전거를 배울 때도 다리에 힘을 어떤 순서로 어떻게 주어야 하는지 몰라 휘청거렸다. 산책과 등산은 신체의 크고 작은 근육을 자연스럽게 사용할 수 있는 방법을 익힐 수 있다. 불규칙한 지형을 오르내리면서 공간 지각력과 방향 감각도 좋아진다. 그리고 여러 감각 정보를 처리하면서 기억력이 좋아질 수 있다. 몸을 움직이니 혈액순환에 좋은 건 당연하고 무엇보다 뇌가 활성화되니 지능에 중요한 역할을 할 수 있다. 스트레스 해소와 정신 건강 유지에도 도움이 된다. 자연 속에서 휴식과 움직임은 심리적 안정을 가져다주니 더없이 좋지 않겠는가?

세 번째, 다양한 영양소를 섭취할 수 있도록 식단에 신경 쓰기로 했다. 달고 짠 음식과 육식 위주, 가공식품을 선호하는 둘째의 입맛을 변화시킬 수 있도록 노력해야 했다. 라면, 햄버거, 피자, 음료수, 각종 소스 등 넘치게 먹는 걸 변화시킬 방법을 찾아야 하는데 걱정이 앞섰다. 설탕을 대체할 수 있는 칼로리 제로 스테비아로 조금 더 건강한 식단을 만들 수 있긴 하다. 우리 뇌는 다양한 영양소를 필요로 한다. 달걀, 연어, 시금치, 베리류, 토마토, 견과류, 닭고기 등을 포함한 균형 잡힌 식단은 뇌 건강에 도움이 된다. 뇌가 건강해야 뇌 기능을 높일 수 있고 뇌를 활성화할 수 있다. 지능을 높이기 위해 가장 먼저 이루어져야 하는 부분이 뇌 건강이다. 영양소가 부족하면 뇌가 건강하지 못해 뇌 기능이 저하될 수 있다. 다양한 영양소의 섭취는 뇌세포 발달과 기능 유지에 필수적이다.

# 04 원으로 향하는 아이들

중학생이 되고부터 둘째는 초등학교 때보다 또래 관계가 더 힘들어졌다. 길어진 수업 시간 탓에 학교생활이 힘들었다. 학급에서 팀을 구성해 팀원들과 같이 해야 하는 수업에 자발적인 참여가 어려웠다. 초등학교 때는 담임 선생님과 한 번의 상담만으로 해결될 문제였는데 중학교 때는 달랐다. 나는 모든 교과 선생님께 개입과 도움을 요청할 수밖에 없었다. 팀 과제가 끝날 때까지 수행이 원활하지 못했다. 또한, 본인이 좋아하는 과목 시간 외에는 멍하게 앉아 시간을 그냥 흘려보냈다. 교과목 시간에 주로 하는 학습지(내어주시는 프린트)를 스스로 챙기지 못해 50%는 어디에 있는지조차 몰랐다. 숙제를 제때 내지 못하거나 안 내는 일이 늘어났다. 주의 집중력이 어릴 때보다 더 부족해지는 것처럼 느껴졌다. 차원이 높아진 학습과 많아진 학습량을 감당하지 못해 아이들과 학습 격차가 점점 늘어만 가는 중이었다.

현재 느린 학습자를 위한 우리나라 교육 지원은 미비하다. 느린 학습사 중 경계선 지능은 지적장애 인구보다 6배나 많은 인원에도 불구하고 선별이나 분류체계 자체가 없다. 느린 학습자는 더 이상 이리저리 떠다니는 점에 머무를 수 없다. 사회의 커다란 원으로 나아가야 한다. 느린 학습자 역시 생애 걸친 지원이 시급하다. 이 문제를 정리해 보면 다음과 같다. 먼저 초등학교 입학 전에는 조기 선별과 진단, 치료 지원, 부모교육 등이 필요하다. 느린 학습자는 다른 장애를 가진 아이들에 비해 조기에 발견하는 게 어렵다. 발달 과정 중 어느 하나라도 느린 경우 표준화된 임상 심리 검사가 필요하다.

조기에 발견해 개입되어야 학령기와 그 이후 사회 적응과 학습에 상당한 영향력을 미치기 때문이다. 조기 선별이 되더라도 거기서 그치면 안 된다. 적절한 치료 방법과 지원이 필요하다. 조기 선별은 치료하기 위함이지 구분하기 위함이 아니라는 것이 중요하다. 치료비 또한 만만치 않다. 사설 아동발달센터의 치료비는 1회기(40분) 당 5~20만 원 정도로 천차만별이다. 치료는 언어치료, 놀이치료, 감각통합치료, 인지치료, 그룹치료, 행동치료, 특수체육 등 다양하다.

한 아이가 두 가지 치료를 주 2회로 한다고 가정해 보자. 한 달에 얼마나 많은 비용이 들어가는지 알 수 있다. 국가지원 없이 가정에서 감당하기에 벅찬 금액이다. 조기에 발견해 치료하더라도 경제적 부담으로 학령기에 접어들면서 지속적으로 받지 못하고 중단하는 경우가 많다. 이들의 치료는 꾸준히 이루어져야 한다. 그리고 초등학교 입학 후에는 개별화 맞춤 교육지원, 정서와 사회성 관련 지원이 필요하다. 이에 따른 교사 인식 개선을 위한 지원이 필요하다. 교사들은 아직 느린 학습자에 대한 이해가 부족한 상황이다. 느린 학습자는 지적장애와 다른 특성이 있다. 또한, 개인차가 크기 때문에 개인별 맞춤 교육을 제공해야 한다.

느린 학습자는 학년이 올라갈수록 또래 관계가 어려워지고 왕따, 괴롭힘 등의 학교폭력에 노출되기 쉽다. 현재 이 아이들은 학교에서 그대로 방치되고 있는 것이 현실이다. 이 아이들이 학교에서 잘 적응하도록 지원할 수 있는 전문 인력 양성이 무엇보다 시급하다. 그리고 기존 교사들이 느린 학습자를 이해할 수 있는 교사 연수가 필히 마련되어야 한다. 학교에는 특수교육 대상자들을 위한 도움반이 있다. 느린 학습자는 특수교육 대상자보다 훨씬 많은 인원이므로 이들을 위한 새로운 반이 학교마다 설립되면 어떨까 싶다.

이런 문제들과 더불어 고등학교 졸업 이후(성인)에는 느린 학습자를 위한 통합 관리 기관 설립, 취업지원 등이 필요하다. 장애인복지관은 어느 지역에서나 볼 수 있다. 느린 학습자 중 경계성 지능인을 위한 통합 관리 센터는 서울의 밈센터가 유일하다. 느린 학습자의 지역별 부모모임 연대를 비롯한 일부 관계자들은 전문성을 갖춘 통합센터가 필요하다고 목소리를 높이고 있다. 고교 졸업 후 취업하거나 갈 곳이 없어 대학에 진학하는 경우가 있다. 이들은 대학 졸업 후 취업으로 이어진다기보다 집에 머무르는 경우가 많다. 취업이 되더라도 대인관계의 어려움 때문에 유지하기 힘들다. 또한, 체력적인 문제 때문에 하루 종일 일하기 힘든 경우가 대다수다. 하루 4시간 정도 일할 수 있는 직업이 생겨나길 바란다. 그리고, 소속된 집단(회사)에서 유지할 수 있도록 꾸준한 관리와 도움을 주어야 한다.

둘째는 지금 중학교 2학년이다. 1학년 때는 도움반 선생님이 본인에게 아는 척하지 말아 달라고 요청했었다. 본인이 도움반에 소속되어 있다는 것을 반 아이들이 아는 것도 싫어했었다. 한 번은 도움반 선생님께서 서류 전달 때문에 둘째 교실로 찾아가셨다가 아이의 반응에 놀라신 적이 있다. 그 후로 다시는 안 가셨다.

시간이 지나면서 힘들 때 스스로 도움반 선생님을 찾아갔다. 수업 시간을 견디기 힘들 때 가서 도움반 선생님과 대화를 통해 편안함을 느낀 것이다.

아이의 잠재력을 깨우는
7가지 열쇠

그래서 2학년 때부터는 일주일에 몇 번 도움반에서 시간을 보내고 있다. 한결 편해진 발걸음으로 등교를 하고 있다. 가끔은 아침부터 온갖 핑계를 찾아 등교 거부를 일삼기도 한다. 학교에 가도 여러 선생님을 제외하고는 따뜻하게 반겨주는 친구가 없다. 일부 과목 시간을 제외하고 여전히 앉아 있는 시간이 싫다고 한다. 나는 둘째의 학교생활과 그로 인한 심정이 어떨지 충분히 알고 있다. 하지만 별다른 좋은 방법이 없어 안타깝기만 하다. 시간이 지나 고등학교를 진학하고 성인이 되는 게 두렵기만 할 뿐이다. 그렇다고 무의미하게 아무것도 안 하며 시간을 보낼 수는 없다. 현재 상황에서 둘째를 위해 내가 할 수 있는 것이 무엇일까, 생각해 보았다.

우선 둘째의 뇌를 꾸준히 쓸 수 있도록 수준에 맞는 학습계획을 세우기로 했다. 물론 둘째와 협의를 통해서 결정했다. 모든 교과목을 할 수 없으니, 국어와 과학, 수학 정도로 추려 보았다. 국어는 학교에서 수업 시간에 지루하지 않도록 교과서에 있는 본문을 하루 두 장씩 같이 읽고 의미를 천천히 파악해 보기로 했다. 문학 작품의 경우는 등장인물들의 행동과 말속에 담긴 의미를 알아가는 과정이 힘들긴 하겠지만 포기하지 않으리라 다짐해 보았다. 과학은 좋아하는 과목이기도 하고 수업 시간이 재미있다고 했다. 나는 둘째의 과학의 지식이 풍부할 거란 기대는 안 한다. 어느 정도까지 할 수 있는지 알기 때문이다. 시험 때 개념 정리만 같이 해보기로 했다. 수학은 단원별 개념 정도만 알아보기로 정했다.

다음으로 정서와 사회성을 위해 둘째가 좋아하는 극장에서 영화 보기, 여행 등 외부에서 할 수 있는 문화 활동을 늘리기로 했다. 하교 후 둘째는 다른 아이들과 운동을 하거나 학원이나 과외 등 자신의 역량 강화를 위한 활동을 하는 것이 아니다. 그 시간에 좋아하는 여러 종류의 전자기기를 분해하고 다시 조립하는 과정을 반복하면서 몰입해 있다. 그 분야에서 유명한 너튜브 채널을 보고 배우기도 한다. 그러다 집 안에 있는 전자기기를 분해해 쓸 수 없도록 만드는 일이 자주 일어나고 있다. 그때는 공부할 때와 다르게 눈에서 초롱초롱 빛이 난다. 전자기기 세상 속에 몰입해 있는 시간을 줄여주고 그것만이 아닌 다른 재미있는 세상도 있다는 것을 알려주어야 한다.

끝으로 인색했던 긍정적인 표현과 보상을 주어야겠다고 다짐했다. 그동안 반복되는 학습 부진과 실패를 겪었다. 무언가를 같이 할 친한 친구 없이 원만하지 못한 또래 관계가 이어졌다. 이런 시간들이 흘러 둘째의 자존감은 낮아져 있다. 나는 둘째에게 "아니야." "아니잖아." "다시 해봐." 등과 같은 말들을 많이 했었다. 적절하게 칭찬하고 격려하는 부분이 부족했다. 급한 마음에 다그치며 보낸 시간이 아깝기만 하다. 느린 학습자의 학습 동기를 유발하기 위해서는 목표를 작게 설정하고 달성할 때마다 적절한 보상을 주어야 한다. 느린 학습자는 단순히 학습 능력이 낮은 사회생활을 못 하는 사람이 아니다. 각자 다른 특성과 장점을 지닌 하나의 점이다. 우리는 느린 학습자를 이해하고 존중해야 한다. 이들이 잠재력을 발휘할 수 있도록 배려해주어야 한다. 커다란 원안에서 사회의 한 구성원으로 역할을 하며 함께 살아갈 수 있어야 한다. 그러기 위해선 느린 학습자를 위한 전 생애 제도적 지원이 무엇보다 필요함을 다시 한번 강조한다.

나는 현재 화성시 느린 학습자 부모 자조모임 "늘품"의 회원으로 활동하며 소통한다. 늘품 부모들은 누군가 한마디를 말해도 무엇을 말하려는지 어떤 고민이 있는지 알 수 있다. 그만큼 공감대가 형성돼 있어 소중하다. 늘품은 화성시 나래울 종합사회복지관과 능동 평생학습관의 도움으로 유지

된다. 거기서 부모 자조 모임과 부모 교육, 느린 학습자 아이들의 학습 장소 제공 등을 해주고 있다.

둘째는 늘품의 "단비(학습)"에서 스피치와 컴퓨터 수업을 받고 있다. 소그룹으로 수준에 맞는 교육을 또래와 함께 받는 장점이 있다. 이 아이들을 이해하고 가르칠 수 있는 다양한 분야의 선생님이 필요하다. 난 둘째가 고등학교 졸업 이후의 진로를 스스로 선택하는 모습을 상상해 보며 미소를 지어본다. 현실이 되길 바라며 둘째의 자립과 사회 참여를 도울 수 있도록 사회적 협동조합의 설립 계획도 세워 본다. 그러기 위해선 먼저 정확한 목표와 비전을 설정해야 한다. 조합의 필요성 및 타당성 분석도 해야 하는데 생각이 너무 많다. 대규모적인 정리가 필요하다.

사회적 협동조합은 개인이 할 수 있는 일이 아니다. 조합의 활동을 지원해 줄 수 있는 협력 기관이 있어야 한다. 무엇보다 운영에 필요한 인력, 재정, 시설 등 자원을 확보해야 하는데 걱정이 앞선다. 누구와 어디서 어떻게 시작해야 할지 막막하지만 둘째를 위해서 용기를 내어본다.

## 🗝 4장 언어

## 포터 쌤은 오늘도 네잎클로버를 찾는다

박미선

## "중년엔 영어를 즐기면서 배웁시다"

　대학에서 영문학을 전공하고 교육대학원에서 영어교육을 공부하였다. 가르침을 직업으로 삼았던 25년 동안은 4060 신중년을 가르칠 생각조차 하지 못했다. 하지만 이제는 4060 신중년을 위한 영어 공부를 함께 할 준비가 되었다. 학습자가 언제, 어떤 환경에서, 어떤 목적을 가지고 배우고 싶은지 잘 살피고 시작할 것이다. 인생은 짧다. 4060 신중년, 다시 시작하는 영어 공부에서 뜻밖의 행운을 발견하길 바란다.

　중2 수학여행에서, 미쿡 사람이 'Hi, How are you? What's your name?' 질문에 초롱초롱 빛나는 눈으로, 과연, 우리 영어 선생님은 어떤 답을 할까? 기다리던 그 순간, '마이네임이즈, 욕쟁이, 기름쟁이, 침쟁이'라고 외치는 한 친구의 대답에 얼굴 새빨개진 선생님과 ㄱ 옆에서 웃고 있는 우리들이 생각난다. 쉬운 영어를 어렵게 잉글리시로 가르쳐 준 삼쟁이 선생님들이 많이 계셨다. '응답하라' 88 올림픽 이후 해외여행 시작되었고, 관광 온 외국인들을 볼 수 있었다. 원어민 선생님을 대학교에서 영문과 또는 영어 회화 교양 수업에서 만날 수 있었다.

아이의 잠재력을 깨우는
7가지 열쇠

알파벳을 중학교 때 처음 배우고, 내신을 위한 문법 공부와 눈으로만 영어를 배우는 고등 시절을 보냈다. 정말 눈으로 배우는 영어였다. 본문만 암기하면 점수를 받을 수 있었던 중학교 때는 무조건 외국인을 만나면 "How are you?" 질문만 하면 되는 줄 알았다. 갑자기 어려워진 고등단어 그리고 긴 문장의 독해는 한국어로 번역되어도 이해하기 힘들었다. 영어 노출 6년을 보낸, 어쩌다 어른이 된 우리는 엄마, 며느리, 아내로서 정신없이 살았다. 이제 4060이 된 우리들은 영어를 잘한다는 것이 부모의 소득, 해외 경험의 여부 그리고 사는 곳과 관련 있다는 것을 잘 알고 있다. 그리고 영어를 잘하면 사회에 나와서도 소득 차이로 이어진다는 것을 잘 알기에 지금껏 아이들 영어에만 돈과 시간을 투자했다.

하지만 지금 우리는 누군가의 자녀도 아니고, 영어 노출의 경험이 부족한 그때의 중학생도 아니다. 스스로 인생을 정할 수 있는 성인이다. 그뿐인가 왜 영어 공부를 해야 하는지를 알고 있는 개성이 뚜렷한 신중년 4060이다. 나 역시 위에서 언급한 영어 배움의 모든 어려움(부모 소득, 해외 경험 부족)을 가지고 공부했다. 그뿐인가? 영어를 유독 힘들어하는 아이들을(정말 영어 선생님은 demanding한 직업이다) 많이 가르쳤다. 그래서 어떻게 가르쳐야 하는지, 어떤 부분이 어려운지를 잘 알고 있다. 다시 배우는 영어에서는 말하기, 뇌 과학 (암기)와 영어 공부 습관 만들기를 이야기할 것이다.

4060 신중년은 영어로 먹고 살든 다른 것으로 먹고 살든 생각보다 긴 인생을 살 수도 있고, 아닐 수도 있다. 영어 못한다고 기죽고 살지도 않았다. 그래서 이제 영어, 그냥 좋아서 시작해 보자.

https://m.blog.naver.com/parkimsun1125

## 01 유레카! 입트영!

이 책은 신중년의 입트영을 돕기 위한 것이다. 앞으로 30년 후에는 우리가 여기에 없을 수도 있다. 그래서 포터 쌤이 알게 된 유레카!를 알려주려고 한다.

항상 "하이! 하와유?" 질문에 암 파인이라는 대답만 있는 줄 알고, 호주에서 차가 옆으로 뒤집어져 머리에서 피가 뚝뚝 떨어져도 저절로 입에서 "아, 네, 암 파인(괜찮다)."이라고 말했다는 후배의 말을 듣고 역시 웃프게도 이제껏, 입 뻥긋도 못하는 영어를 배워왔구나, 하는 생각이 들었다. 나 역시 영문과를 나왔지만, 영어 노출과 몰입 그리고 외국인과의 대화 경험이 턱없이 부족하여 입트영(의사소통을 할 수 있는 생산적 언어)에 자신이 없었다. 하지만, 영어교육대학원에서 교수법을 배워 아이들에게 영어를 25년 동안 꾸준히 가르쳤다.

'아웃라이어'에서는 특정한 분야의 전문가가 되기 위해서는 1만 시간의 훈련이 필요하다고 했다. 하루 1시간으로는 1년에 365시간, 10년에 3,650시간이니까 거의 30년을 투자해야 해야 전문가가 된다고 한다. 영어 교육자로서의 25년 경력은 영어 전문가로서 시간을 보냈다. 그리고 그 시간은 국내파로써, 입트영(입이 트여 말하고 쓰이는 영어)의 바탕이 되었음이 확실하다. 중학교에서 5년 동안 같은 책을 하루에 3시간 3반을 가르치니 입이 트이는 영어를 하고 있다는 것을 깨달았다. 이제 우리의 목표는 중학 수준의 영어로 입트영을 하는 것이다. Teaching is learning이라는 속담이 틀리지 않았다. 중학교 수준의 영어 문장을 반복해서 아이들에게 가르친 것이 자연스럽게 입트영이 되었다. 원어민 스피커의 몸짓과 억양을 똑같이 흉내 내면서 몸으로 가르친 게 입트영의 기초가 되었다.

입트영을 꼭 해보겠다는 확고한 의지가 있다면, 입트영을 가능하게 하는 매일 하루 3시간씩 3년 영어 공부를 하자. 자투리 시간과 자유시간을 투자하여 3년만 입트영을 해보자(내 경험으로는 확실히 입트영이 가능했다). 풍부한 영어 배경지식이 있는 4060 신중년인 우리는 어쩜 아이들보다 더 잘 입트영을 할 수 있다. 고통 없이 이루어지는 것은 없으니, 나이와 시간을 핑계대지 말고 시작하자. 그럼, 3년 동안 하루에 3시간 공부를 위한 영어 교재(어떤 교재를 사용할지)에 관해 이야기해 보자.

초5 A 학생에게 단어와 문장을 반복해서 가르쳐다. 예를 들어 '알라딘' 책을 가장 쉬운 버전으로 가르치고 1주일 후 다시 암기하여, 동시통역(한글을 보고 영어로 말하기)를 하였다. 다음 단계에서, 조금 더 업그레이드된 '잭과 콩나무' 책으로(배우는 과정은 같다) 가르쳤다. 아이들은 쉽고 재미있게 업그레이드 반복 학습으로 영어원서 읽기를 잘 따라와 주었다.

언어학자 다이앤 라슨-프리먼은 "반복은 언어 사용에서 일반적이며 학생들이 배운 것을 반복하도록 하는 것은 언어 교육에서 일반적인 관행이다. 하지만 반복을 정확한 복제로 생각해서는 안 된다. 오히려 변화를 발생시키는 반복으로 업그레이드해야 한다."고 말했다. 그래서 포터 쌤은 반복은 하되 수준은 업그레이드 수업을 진행했다. 중학교 과정(나선형 배움)과 사교육의 장점(다양한 영어원서 읽기)를 아이들에게 적용해 보았다. 1달에 영어 원서(축약형) 1권 읽기를 힘들어도 꾸준히 아이들에게 가르쳤다. 이미 한국어로 익숙한 책을 선택하여 영어원서 읽기를 시작한 것이 신의 한 수였다. 흥미를 위해 단어, 문장, 문법 수준을 업그레이드하고 배운 것을 반복했다. 아이들은 영어식 사고를 하게 되었고, 자연스럽게 영어 어순 배우게 된 것이 가장 큰 효과였다.

이제 더 구체적으로 수준이 다른 아이들은 어떻게 포터 쌤의 업그레이드 반복 학습으로 효과를 보았는지 예를 들어 보겠다. 우선 알파벳을 마친 초 2-3 학생에게 '알라딘'을 한국 드라마 대본(축약본)으로 읽게 하였다. 그리고 단어와 문장을 암기하고 영어 드라마 대본으로 읽기, 쓰기, 듣기(딕테이션), 말하기(동시통역)를 영어 학습의 4가지 영역을 빠짐없이 매 수업마다 꾸준히 하였다. 말하기에서 100% 효과를 보였다(당연히 학생의 수준과 속도를 잘 맞추어 진행된다). 단순 반복이 아닌 알라딘 수준의 단어를 다음 단계 오즈의 마법사로 바꾸어 좀 더 업그레이드된 단어와 문장으로 꾸준히 6개월 이상 공부하니, 아이들이 영어의 자신감을 가지게 되었다. 흥미를 위해 매달 바뀌는 스토리는 다음 이야기를 기대하게 만들어 꾸준히 영어 공부를 하게 하였다.

기본 문법과 학습한 단어량이 중급인 초 4~5 학생에게는 셰익스피어의 베니스 상인을 가르쳤다. 물론 원본 아닌 축약본이다. 먼저 한국 드라마 워크시트로 문해력과 기본 배경지식(스키마)을 익힌다. 그리고 업그레이드된 단어와 문장을 암기한다. 당연히 문법을 알아야 문장을 만들 수 있기에 문법도 가르쳤다. 무엇보다도 아이들이 말하기에서 100% 효과를 보였고, 독해, 영작, 내신에서도 효과가 있었다. 그래서 중급인 아이들은 영어신문을 읽고 토론하는 수준까지 되었다. 쉬운 영어로 반복하되 수준을 업그레이드 함으로써 영어의 4가지 영역의 실력이 골고루 향상되었다. 꾸준히 반복하되 지루하지 않은 나선형 업그레이드 포터 쌤의 교수법이 확실히 효과가 있었다. 아이들은 영어에 자신감이 생기고 문해력 또한 향상되었다. 25년 동안 1000명 이상 아이들을 가르친 결과이다.

하지만 내신 성적을 중요하게 생각하는 중. 고등 영어에서는 한계를 느꼈다. 우선 교과서 외 영어 원서읽기 시간이 턱 없이 부족하고, 고등 영문법과 이미 답이 정해진 영어시험에서 입트영의 한계점이 보였다. 중고등에서 틀린 답을 찾는 훈련만 해 왔기 때문에 실수를 두려워 영어를 입으로 하지 않았다. 슬프게도 우리 중 고등 시절과 같았다. 아무리 영어유치원이나 영어학원을 다녀도 내신 성적이 나오지 않으면 아이들은 입을 단았다(국내파 똑똑한 아이들은 수능 영어 1등급을 받아도 외국인을 만나면 말을 제대로 못한다).

이제 4060 신중년은 입을 열고 말해야 한다. 우리는 시험을 준비하는 아이들과는 다르다. 입트영에 성공한 아이들의 공부법(업그레이드 반복학습)을 신중년에게 적용할 것이다. 다른 사람과 경쟁 할 필요가 없다. 실수를 두려워할 필요도 없고 즐기면서 배우면 된다. 원서로 꾸준한 영어 노출과 영어권 문화를 배움으로써 내일의 영어가 어제의 영어보다 조금이라도 나아지면 된다.

영어는 단순 암기 과목이다. 우선 기본 1000개의 단어는 암기하고 시작해야 한다. 벌써 걱정할 필요는 없다. 파레토 분포 법칙 (이탈리아 전체 부의 80퍼센트를 전체 인구의 20퍼센트가 소유하는 부의 분배 구조에서 발전한 법칙)에 따르면 빈도 500단어가 커뮤니케이션의 90%를 차지한다고 한다. 신중년의 신체적 약점이 암기이지만 단어 암기에 겁먹을 필요가 없다. 시대가 바뀌어 암기를 도와줄 많은 도구가 있다. 나 역시 새로운 '뇌 교육사'를 도전하면서 암기가 어려웠다. 그래서 눈에 익숙하지 않은 영어단어 암기가 힘들다는 것을 잘 알고 있다. 이제 암기를 도와줄 뉴로피드백을 만나보자.

## 02 뇌가 제일 잘 나가

세상에나! 낮에 아이들을 가르치고, 밤에는 혼자 이 나이에 뇌 교육사 자격증을 따겠다고 공부를 시작했다. 수업을 듣고 이해하는 것은 재미있지만, 시험을 준비하는 데 있어, 뇌 구조와 대뇌 피질 기능을 외우기가 힘들어 울고 싶었다. 핫한 뇌 교육을 만나서 내가 그 핫함에 데워지게 생겼다. 내 머리가 이렇게 나빠졌나 안 돼, 방법을 찾아보자. 나이와 머리 탓만 할 수는 없었다. 우선 생소한 의학용어에 익숙해지기 위해, 여러 번 읽고 머리로 그림을 그리듯 이미지화해서 이해했다. 하지만 암기는 역시 어려웠다. 그때 암기를 도와 줄 뉴로피드백을 만나 뇌 훈련을 시작했다. 처음에는 변화가 느껴지지 않았지만, 훈련 1달째 효과가 보이기 시작했다. 외계어 같았던 의학용어가 암기되기 시작했다. 무사히 시험을 치르고 당당하게 뇌교육사 1급 자격증 받았다. 도전에 성공하였다. 잘하는 것을 좋아하고 좋아하면 잘하게 된다는 것을 우리는 안다. 외계어 같은 의학용어 역시 반복과 뉴로피드백의 암기 프로그램으로 외울 수 있었다. 우리말과 다른 영어의 어순과 단어 암기는 아이들에게는 외계어로 느껴질 것이다. 앞에서 언급하였듯이 지금은 암기를 도와줄 좋은 도구가 있다. 그래서 업그레이드 반복 학습과 뉴로피드백이 영어를 잘하게 도와줄 것이다.

영어를 싫어하는 초등 5학년 하준이는 특히 단어 외우기를 힘들어했다. 단어장, 앱으로 외우기, 문장, 영화 속 단어 외우기, 영작문 하기를 하여도

성과가 나지 않았다. 그래서 이미 경험한 뉴로피드백의 효과를 알기에, 이번에는 하준이에게 뉴로피드백의 영어암기 프로그램을 훈련했다. 오마이갓! 하루에 5개도 암기가 어려웠던 아이가 10개씩 외우기 시작하여 프로그램 끝날 때는 40개씩 외울 수 있게 되는 성과를 보였다. 물론 나도 놀라고 기뻤지만, 하준이 본인 역시 달라짐을 느껴 스스로 뉴로피드백 훈련하고 있었다. 과학의 힘이 놀랍다는 것을 한 번 더 느꼈다.

뇌 과학자들은 언어를 사용한다는 것은 뇌가 발달했다는 증거이며, 무엇보다 언어는 사고를 정교화한다고 말한다. 뇌 근육을 강화해야 하는 4060 신중년에게 새로운 언어학습의 경험을 영어로 해보자. 분명 영어에 관심이 많은 신중년에게 좋은 도전이 될 것이다. 운동을 하면 근육이 커지고 강해지듯이, 새로운 언어를 배우면 뇌 근육 또한 강해지기 때문에 뉴로피드백을 4060 신중년에게 적용해 보자. 당연히 아이들처럼 단순히 암기를 잘하기 위해 하는 것은 아니다. 치매를 예방하려는 목적이 더 크다. 최근 뇌 과학자들은 다양한 경험에 대한 뇌의 반응이 뇌를 강화하고 동시에 부상 입은 뇌도 회복한다는 연구 결과를 발표했다. 새로운 언어를 배우는 게 뇌의 다양한 영역을 활성화하고 그 영역의 뉴런과 시냅스를 증가시켜 뇌가 좋아진다. 그래서 적절한 언어를 적절한 시기에 배우면 뇌 근육이 강화된다고 발표하였다.

초등 2학년에 미국에 이민을 간 토니를 소개하고 싶다. 맞벌이 부부의 자녀, 토니는 할머니와 영아기를 보냈다. 유독 말이 늦었지만(꼭 양육자가 부모가 아니어서 그런 것은 아니다) 특히 엄마라는 말을 하지 않아 부모를 애태웠다. 토니가 한국 학교에 적응이 힘들겠다는 것을 깨달은 부모들은 미국에서 토니를 키우기로 마음먹었다. 당연히 이중 언어를 해야 하는 토니는 언어학습에서 어려움을 겪었다. 하지만 생존을 위한 이중 언어의 습득은 토니가 넘어야 할 큰 산이었고 뇌 활성에도 도움이 된 것도 확실하다.

"어떤 유기체가 새로운 환경에 놓이면 중추 신경계에서 새로운 유전자들이 활성화한다는 것이 최근에 확인되었다. 새 유전자들은 새로운 단백질들의 유전 암호와 연결되고, 이 단백질들이 구성단위가 되어 뇌에 새로운 구조를 형성한다."라는 과학자의 말처럼 토니는 신체 변화의 성장통뿐만 아니라 뇌의 인지능력도 급성장하였음에 틀림이 없다. 버클리대를 졸업하고 미국 시민으로서 열심히 사회생활을 하는 토니를 보면 이중 언어학습이 뇌 근육을 강화한다는 것을 알 수 있다. 단일 언어를 구사하는 사람보다 이중 언어 습득자가 기억력 테스트에서 더 좋은 성적을 내며 이중 언어를 말할 때마다 두뇌가 훈련되고 인지 능력이 좋아진다는 연구 결과가 있다. 이제 치매가 걱정되는 신중년의 뇌 훈련에 관해 얘기해 보려고 한다.

유튜브에서 "미사 시간에 진동이 울려, 누구의 폰이냐? 화를 내었더니 자기 바지 주머니에서 울리는 거였다."고 말하는 황창연 신부님의 강의를 듣고 웃었다. 50대가 되니 이 웃픈 이야기가 와닿았다. 나 역시 예전에 배운 것을 잊지 않고 잘하지만, 새로운 것을 배우고 암기하기가 예전만큼 못하다는 것을 자주 느낀다. 치매가 걱정되는 나이다. 치매 예방을 위해 공부하는 것은 중요하지만, 익숙한 것만 하는 것은 단순 반복이라 뇌에 도움이 되지 않는다. 새로운 경험과 환경이 뇌 근육을 강화해 주기 때문에, 영어를 배우는 것이 다양한 뇌 영역을 작동시켜 치매를 예방해 줄 것이다. 즉 한국어와 영어 사이를 오가는 동안 뇌는 더 많은 생각을 하게 되고, 이 생각이 뇌를 운동하게 만들면, 뇌는 더 나은 보상(뇌근육 강화)을 준다. 따라서 적절한 언어(영어)를 적절한 시기에 사용하는 방법을 배우면 뇌 근육이 강화된다. 치매가 걱정되는 신중년인 지금이 바로 영어를 배워야 할 때이다.

2013년에 에딘버러 대학의 연구자 그룹은 이중 언어 사용과 치매 및 알츠하이머병과 같은 기타 인지 질환의 진행 사이의 상관관계에 대한 현재까지 최대 규모의 연구를 발표했다. 대상자는 인도 텔랑가나주의 수도인 하이데라바드 출신 환자 648명이었다. 텔루구어와 우르두어가 해당 지역의 주요 언어이며 영어도 일반적으로 사용되었다. 하이데라바드 주민 대부분은 이중 언어를 구사하며, 그중 391명 연구에 참여했다. 결론적으로 이중 언어를 구사하는 환자는 단일 언어를 구사하는 환자보다 평균 4년 반 늦게 치매가 발병했고, 이는 이중 언어 구사가 신경학적 구조와 과정에 깊은 영향을 미친다는 것을 강력히 보여 주었다. 이 연구 결과처럼 제2외국어를 사용하는 사람들이 더 강력한 기억력을 가지고 있다는 것이 확실하다. 사람들의 90% 이상이 뇌의 좌반구 활동으로 언어를 말한다. 즉 왼쪽 전두엽에 있는 브로카 영역에서 언어를 만들고, 베로니카 영역에서 언어를 이해한다. 즉, 좌뇌가 언어영역을 담당한다는 것이다.

언어학습이 뇌 근육 특히 언언 영역 담당인 좌뇌를 강화한다는 증거를 보여주는 페르츠의 실험을 살펴보자. 페르츠의 실험은 뇌 손상으로 언어능력을 상실한 환자들이 장애를 극복하고 다시 언어능력을 회복하는 과정을 연구했다. 환자들은 매일 일정 시간 언어학습(이미지와 단어 기억과 말하기 연습)을 함으로써 손상된 좌뇌가 언어학습으로 회복되고, 뇌 근육이 강화된다는 것을 보여줬다. 따라서 언어학습 중 우리에게 영어 학습은 치매 및 기타 퇴행성 신경 질환으로부터 뇌를 보호하는 효과적인 두뇌 운동임이 확실하다. 영어 공부는 새로운 경험이자 실천의 결합이다. 새로운 단어와 문법 구조를 배우고 알는 것을 검토하고 말하기 때문에 치매를 예방해 준다.

뇌 건강을 위해 4060 신중년이 영어 공부를 할 수 있다는 것은 복 받은 것이다. 영어를 읽을 능력이 있고, 배울 시간이 있다는 것은 지나간 시대의 수많은 사람이 희생과 노력한 덕분이다. 어떤 의미에서는 영어를 배운다는 것은 특권을 누리는 사람이 된다는 것이다. 언어학습의 혜택을 장소와 시간 구애 없이 누려보자. 영어 학습은 우리가 할 수 있는 가장 복잡한 정신 활동 중 하나이며, 이것이 두뇌를 운동시켜 집중력과 주의력을 향상해 줄 것이다.

이제부터는 뇌 근육 강화를 위한 포터 쌤의 업그레이드 반복 영어에 관해서 이야기하려고 한다. 친구 선희는 52세 초등교사이다. 대학을 졸업한 딸과 제대한 아들, 은퇴를 앞둔 남편과 살고 있다. 선희는 경제 활동도 꾸준히 해 왔으며, 다양한 취미 활동과 단체 참여, 그리고 경제적 여유로 여러 차례 해외 경험이 있다. 그래서 외국어에 대한 동경과 활발한 성격으로 항상 무엇인가를 배우고 싶어 하며, 어렸을 때의 문법식 공부보다는 입트영을 배우고 싶어 한다. 최근 언어학습이 두뇌운동 즉, 치매 예방에 도움이 되기 때문에 운동으로 근력을 키우듯 뇌 근육을 키워 보고 싶어 한다. 헬스와 영어 성공은 꾸준히 해야 한다는 것을 알고 있는 알뜰한 선희는 경제적이며 언제 어디서나 할 수 있는 영어 공부법을 알고 싶어 한다.

그럼 중년인 선희는 왜 영어를 다시 배우고 싶어 할까? 선희는 미국 여행을 하면서 영어를 못해 불쾌한 상황을 경험하였다. 번역기 사용의 한계를 느꼈고 가족 앞에서도 위축되었다. 선희는 유창하게 영어를 하고 싶었으나 영어를 오랫동안 쓸 일이 없었다. 그녀가 영어를 배우려는 이유는 해외에서 불쾌한 상황을 피하기 위해서다. 그리고 유창한 영어가 '새로운 기회'를 제공하리라는 믿음이 있기 때문이다. 사람들의 86%가 영어를 유창하게 구사하고 싶지만, 정작 배우는 사람은 19.6% 불과하다고 한다. 배우지 않는 주요 이유는 일상생활에서 거의 사용하지 않기 때문에, 그리고 배울 시간이 거의 없다는 것, 성취가 느리기 때문이라고 한다.

그렇다면 신중년인 선희는 왜 포터 쌤에게 영어를 배워야 할까? 포터 쌤은 국내파로서 같은 환경에서 영어를 배웠다. 그래서 어려운 점을 잘 알고 있고, 영어 학습에 많은 실패와 도전의 경험이 있다. 25년 동안 천 명이 넘는 학생의 니즈 파악하여 정확한 피드백을 제공했다. 영어 공부에 어려움이 많은 학생을 인내심으로 꾸준히 가르쳤다. 그리고 가장 중요한 사랑을 주었다. 그간의 경험과 노하우로 포터 쌤은 다양한 수준과 배경의 4060 신중년에게 영어 티칭이 아닌 코칭을 해줄 수 있다. 혼자서 영어 공부할 수 있는 '영어 원서 읽기'로 입트영을 할 수 있게 해줄 것이다. 영어를 좋아하게, 그리고 쉽게 따라 할 수 있는 시스템을 통해 영어 습관도 만들 것이다. 해리포터 작가인 조앤 롤링은 "바위 밑이, 새롭게 만들어진 내 삶의 견고한 기초가 되었다."라고 말했다. 우리 나이에 바위 밑을 경험하지 않은 사람은 없을 것이다. 부끄럽지만 나 역시 12년(영어교육 대학원까지 포함이다)의 공교육을 받았지만 입트영은 쉽지 않았다. 원리를 모르고 암기한 문법, 영어 노출의 부족, 몰입 없는 공부, 제일 중요한 영어의 중요성에 관한 동기부여 없이 공부했기 때문이다. 이제 그 경험을 알기에 4060 신중년에게 '영어코칭'을 해줄 수 있다.

아이의 잠재력을 깨우는
7가지 열쇠

영어 코칭은 다음 세 가지 방법으로 할 것이다.

a. 영어는 입으로 해야 한다.
b. 스마트 도구를 써야 한다.
c. 업그레이드 반복한다.

**a. 영어는 입으로 해야 한다.**

영어는 꼭 입으로 해야 한다. 영어를 말하는 데 있어, 실수에 대한 두려움, 수줍음, 바보처럼 들리지는 않을까하는 두려움을 극복해야 한다. 자신 있게 스스로 영어 원서를 낭독함으로써 근거 없는 영어 자부심이 생기는 것을 느낄 것이다. 무조건 읽으면서 영어 원서를 필사해 보자. 눈으로는 몰랐던 단어가 말함으로써 이미 알고 있었던 단어임을 알게 되는 작은 깨우침이 있을 것이다.

또, 원어민 영화배우나 유튜버들의 말을 많이 듣고 그들의 억양과 제스처를 흉내 내자. 평소에 좋아했던 원어민 배우를 롤모델로 그녀의 말과 표정을 따라 하자. 자신감이 생기고, 머릿속에 있는 두려움이 사라질 것이다. 마치 내가 그들인 것처럼……. 한마디로 정말 재미있다. 어쩜 성격도 바뀌는 기회가 될 것이다. 세계 사람들과 소통하려면 입으로 영어를 해야 한다. 입트영을 해야 좋아하는 여행도 안심하고 할 수 있으며, 주도적으로 즐길 수 있다. 입으로 영어를 해야 새로운 장소도 쉽게 탐색할 수 있다. 걱정하지 마라. 우리에게는 이미 눈으로 배운 영어 기초가 있다. 이제 입으로 영어를 할 때이다. 영어권 사람들은 영어 말하기 실수에 신경 쓰지 않는다. 그들이 아무렇지도 않게 생각하는데 뭐가 두려운가!

## b. 스마트한 도구를 써야 한다

　인터넷은 사람을 평등하게 만드는 훌륭한 이퀄라이저(equalizer)이다. 그리고 지금이 영어를 배우는 가을이기에, 이제 열매를 맛보면 된다. 스마트폰과 앱을 이용해 쉽게 언제 어디에서나 공부할 수 있다. 나의 발음을 녹음하고 한글 드라마를 영어 드라마로 바꾸어 보면서 모니터링할 수 있다. 행복도 스스로 만들어 가듯이 영어도 나의 수준에 맞게 필요한 것을 배워 보자. 이제 수동(일방적인 수업)으로 배웠던 시대는 갔다. 그렇다면 스마트 도구를 어떻게 써야 잘 쓰는지 〈어린 왕자〉를 예로 들어 보겠다.

　〈어린 왕자〉는 단계별 버전이 있다. 포터 쌤은 어린 왕자의 내용을 수준별 단어와 문장으로 드라마 워크시트를 만들어 1권의 책(수준에 맞는 요약본)을 제공할 것이다. 그다음 한글 드라마로 내용을 파악하고 음원으로 영어 드라마 듣기를 연습한다. 클래스 카드 앱(아주 편리한 암기 프로그램)으로 단어와 문장을 암기하고, 낭독, 게임, 테스트 순으로 단어와 어순을 쉽고 재미있게 익힌다. 끝으로 한글 스크립터를 보면서 영어로 말하는 동시통역할 것이다. 당연히 이중 언어 사용하기 때문에, 뇌 근육도 성장할 것이다. 그리고 입트영에 사용할 수 있는 나만의 표현을 모아 암기할 것이다. 챗gpt를 이용해 흔히 해온 방법인 영어를 우리말로 바꾸어 외우는 것이 아니라, 내가 표현하고 싶은 한국말을 영어로 바꾸어 암기함과 동시에 챗gpt와 영어 회화를 할 것이다.

### c. 업그레이드 반복 영어

업그레이드 반복 영어 목표는 하고 싶은 말을 영어로 표현하는 것이다. 그래서 '몇 번 연습할 것인가, 어떻게 틀을 깨고 나만의 방식으로 말할 것인가'를 생각하는 것에서 시작해야 한다. 항상 복습으로 수업을 시작한다. 업그레이드된 새로운 교재는 스스로 공부하여 모르는 부분을 찾아 질문할 수 있게 할 것이다(모든 것은 네이버에 다 있다). 그리고 4주 후 다시 배운 영어 원서 내용을 잊지 않게 테스트로 확인 할 것이다. 여러 번 시간을 두고 반복함으로써 포터 쌤의 반복 학습이 진행될 것이다. 그리고 기초 단계가 끝나면, 어휘와 문장을 확장해서 업그레이드된 영어 원서로 포터 쌤의 업그레이드 학습이 이루어질 것이다. 반복과 수준 업그레이드가 수업 시간 동안 계속 진행될 것이다. 좋아하면 알게 되고, 알면 들리게 되고. 그러면 분명 입트영 단계가 올 것이다. 듣기를 하면 할수록 들리게 되고 말하면 할수록 유창해질 것이다. 영어의 매력을 알게 되면 사랑하게 되어 더 입트영에 가까워질 것이다. 이제 영어 부자가 되어 보자. "지식은 복리로 쌓인다."라고 한 워런 버핏의 말을 기억하면서.

## 03 영어는 패션이다

패셔니스타는 명품만으로 패션을 완성하지 않는다. 영어 또한 내 몸에 맞는 공부법으로 시작해야 한다. 우린 나팔바지에 청자켓으로 빵집을 누비던 sunny들이다. 영화 프리티우먼에서 줄리아 로버츠의 치명적인 미소와 당당함이 기억나지 않는가? 10년을 입어도 1년 입은 것 같은 옷이 있듯이 나에게 맞는 합리적인 영어 공부법이 있다. 무겁고 돈 많이 드는 명품은 필요 없다. 새로운 학습 시스템으로 패셔니스타가 되어 보자. 4060 신중년 영어 공부는 각 개인의 경험이 다르고, 배우고자 하는 목표가 다르기에 영어 티칭보다 영어 코칭이 필요하다. 영어 부자가 된 두 사람의 코칭 예를 들어보겠다.

대기업 20년 차 과장 김창섭 씨는 성실히 앞만 보고 살아왔다. 영어를 잘하면 승진에 유리할 것을 알지만, 영어를 쓸 환경에 있지 않아, 원어민과 입트영을 해본 적 없었다. 하지만 기회가 왔다. 외국인들과 함께 일하게 되었다. 처음에는 힘들었지만 동기부여가 되어 미드 보기, 영어회화 공부하기, 외국인 가족 집에 초대하기, 주말에 야구, 축구경기장을 함께 돌며, 외국인 동료와 즐거운 시간을 보냈다. 영어를 자연스럽게 배워 보려고 상당히 노력했다. 하지만 김창섭 씨는 입트영에 한계를 느꼈다. 외국인 동료와 업무 내용이나 회사 동료들에 관한 이야기를 할 때는 알고 있는 정보로 단어만 말해도 의사소통이 되었지만, 한국 야구 문화를 설명할 때나 사적인 대화를 할 때는 힘들었다. 깊은 대화를 하고 그들의 유머를 알아들어 같이 웃을 수 있으면 좋겠다는 생각에 다시 한번 더 영어 공부를 시작하기로 마음먹었다.

과장 김창섭 씨의 학습된 영어의 양은 마치 물속에 숨겨진 거대한 빙산 같았다. 확신과 꾸준히 할 수 있는 플랜과 코칭으로 영어 능력을 입트영으로 끌어 올렸다. 포터 쌤은 업그레이드 반복 영어의 고급과정을 김 과장에게 코칭하였다. 영어 원서 읽기 1주일에 2번, 문법(예전과 다른 문법 설명), 클래스 카드로 고급 단어 암기, 낭독, 필사를 함께 했다. 영화 보기와 넷플릭스에서 미드 자막 없이 보기 주1회 인증도 추가하였다. 6개월 후 김 과장은 습관이 잡혔다. 은퇴를 앞둔 그는 이제 영어 문화 해설사에 도전할 꿈을 가지게 되었다.

미국 이민 12년 차, 김지연 씨는 두 아들을 두고 있다. 한국을 떠난 이유는 아이들의 교육, 특히 영어 사교육을 피하기 위한 것이었다. 물론 아이들은 영어에 성공했다(초중고를 미국에서 보낸 아이들은 원어민) 아이들이 한국어와 영어를 원어민 수준으로 할 수 있는 막강한 능력을 갖추어 지연 씨의 소원은 이루어졌다. 하지만 어느새 4060 신중년이 된 지연 씨는 공허함과 이제는 나를 찾아야겠다는 마음으로 생각이 많아졌다.

이민 정착기에 지연 씨는 많은 어려움을 겪었다. 웃픈 에피소드도 많았고 눈물도 많이 흘렸다. 아이들을 학교에 보내면서 엄마로서 의사소통이 얼마나 중요한지 뼈저리게 느껴 공부를 시작했다. 하지만 어눌한 발음이 바보처럼 보일까 봐, 외국인이 무서워서, 실수가 두려워서 원어민 수준으로는 만들지 못했다. 한인 교포들과의 생활만으로도 불편하지 않은 환경이 지연 씨로 하여금 영어의 장벽을 넘지 못하게 만들었다. '제2 외국어는 환경에 노출

되어 자연스럽게', '습득(aquire)한 것이 아니라 노력과 효율적인 방법으로 배우(Learn)하는 것'이라는 말처럼 그녀는 영어 학습이 절실히 필요했다.

지연 씨의 고등학생 두 아들은 서로 영어로 대화하면서 '엄마는 몰라도 된다'면서 그녀를 무시했다. 지연 씨는 미국인들 말을 못 알아들을 때보다 더 자존심이 상했다. 그녀는 다시 영어를 공부하기로 했다. 그녀는 포터 쌤에게 어려움을 토로했다. 그녀의 약점은 문법이었다. 그녀가 습득한 미국 문화와 라이프 스타일은 영어 습득의 바탕이 되었다. 원어민 환경에 많이 노출되어 듣기와 리액션이 완벽한 그녀는 어순과 문법을 배워 훨씬 빨리 입트영이 되었다. 포터 쌤은 중급 원서 읽기 1주에 두 번과 클래스 카드앱을 활용한 어순과 문법 커리큘럼을 제공하였다. 그리고 그녀는 낭독과 필사를 꾸준히 하고 있다. 그녀에겐 맞춤형 문법 일일 공부 학습지가 추가됐다. 지연 씨는 이제 꾸준히 영어 습관을 만들어 혼자 할 수 있을 것이다.

한국에 다시 돌아온 그녀는 12년 미국 생활과 포터 쌤의 업그레이드 반복 영어 학습으로 영어의 자신감이 생겼다. 어느새 4060 신중년이 된 지연 씨는 인생 2막으로 어린이 영어 독서 지도사를 꿈꾸고 있다. 지금껏, 진학과 승진을 위해 영어를 배웠다면, 이제 4060은 내가 좋아서 하는 영어 공부를 하자. 자신감을 가지고 당당하게 업그레이드 반복 영어로 매력적인 나를 다시 만나자.

영어는 패션이다. 드레스 룸에 있는 소품으로 때와 장소에 맞게 각자의 스타일로 멋쟁이가 되듯이 영어도 나만의 스타일로 당당하게 말하면 된다. 사랑하는 사람 앞에서 춤추며 거울에 자신을 비춰보는 '프리티우먼'의 줄리아 로버츠의 매력을 돋보이게 해준 땡땡이 원피스와 챙 넓은 모자처럼 내게 딱 맞는 영어 학습 시스템으로 멋쟁이가 되어 보자.

## 04 4060 복 받은 세대

누구나 맘만 먹으면 영어 공부를 할 수 있는 시대다. 100년 전 조상들은 한글조차 마음대로 배우지 못했다. 지금은 앞서 산 모든 이들의 노력과 희생으로, 공부를 다양한 방법(스마트폰, 유튜브, 챗gpt 등)으로 할 수 있다. 영화 <인턴>에서 은퇴한 로버트 드니로의 말이다. As you can imagine, that's given me some time on my hands(당신이 상상할 수 있듯이 그것은 나에게 여유 시간을 주었다). 시간이 유한하다는 걸 아는 나이가 되었다. 주어진 시간을 날 위해 써야 한다. 오늘 1시간 공부해도 영어로 유창하게 말하진 못한다. 아주 작은 변화가 있을 뿐. 그 결과는 당장 눈에 보이지도 않는다. 그래서 우린 쉽게 영어를 포기한다.

4060 신중년이 다시 영어를 배우면 좋은 이유는 첫째, 일단 영어를 배우면 언젠가는 써먹는다(다양한 여행지를 선택하고 부당한 대우에 컴플레인을 걸 수 있다). 둘째, 영어 울렁증을 극복할 수 있다. 셋째, 뇌 활성화와 인지 능력이 향상된다(결국 새로운 습관이 만들어져 좋은 인생이 펼쳐질 것이다). 물론 영어 습득 과정은 길고 지루하다. 하지만 이제 영어를 공부해야 하는 이유는 확실하다.

"마흔에 다시 시작한 영어, 10년간 공부해 실리콘밸리에 갔죠."로 유명한 정김경숙 님은 40대에 영어를 시작해 새로운 인생을 살고 있다(유학파, 현재 미국 거주). 그녀는 〈영어, 이번에는 끝까지 가 봅시다〉에서 영어는 나이와 상관없고 숨 쉬듯 해야 한다고 했다. 누구나 쉽게 이해하는 방식으로 습관을 만드는 게 포토 쌤의 강점이다. 4060을 위하여 영어 공부는 숨 쉬듯이 할 수 있도록 시스템을 만들어줄 것이다. 또한 외국인과 영어로 말해 보니 어렵지 않구나. 다음에 또 해 봐야겠다는 경험이 뇌에 즐거운 신호를 보내 다시 할 만한 가치를 만들면 영어 습관은 저절로 생긴다.

행동은 말보다 힘이 세다. 우선 작은 목표를 세워 보자. 플랜을 세워 공부 시간, 배우고 싶은 영어(기초 파닉스, 여행 영어, 영어 원서 등등), 배워야 하는 이유를 적어보자. 이렇게 시작하지 않으면, 익숙하고 편한 걸 좋아하는 습성 때문에 작심삼일이 될 수 있다. 당장은 영어 능력의 한계를 인정하고 자신과의 약속을 지키려고 노력해야 한다. 아주 작은 영어 목표로 시작하고 영어를 배워야 하는 동기를 자신에게 심어 보자. 아침에 미즈 포터와 함께 영어 공부를 하고, 하루를 마무리할 때 한 번 더 복습해 보자. 아침보다 조금이라도 더 나아진 발음과 암기력으로 자신감을 가지면 된다.

복 받은 신중년은 영어를 어디에 쓸 것인지, 행복한 고민을 하자. 자신감을 가지고 세계(문화, 문학, 여행 등)를 탐험하는 자신을 상상해 보자. 영어를 알아간다는 것은 넓은 초원에서 네잎클로버를 만나는 것과 같다. 끝으로 영어가 나에게 행운이었듯이 이 글을 읽고 있는 4060에게도 행운이 되길 바란다. 네잎클로버를 찾기 위해 풀숲을 헤매는 과정을 즐기면, 어쩌면 아름다운 레이디 벅(행운의 무당벌레)을 만날지도 모른다.

# 5장 음악
## 악기로 뇌를 연주하라

이은진

## "피아니스트가 아니라 피아노 선생님이길"

유치원 때 막연히 선생님이 좋아 피아노를 배우기 시작했다. 음악 교사로 30여 년간 많은 학생과 학부모를 만나면서 악기 연주가 얼마나 삶의 질을 높이고 풍요롭게 만드는지 알게 됐다. 현시점에서 새로운 동기부여가 필요했다. 그리고 악기를 배우는 아이들과 음악과 즐기는 사람들에게 나의 경험을 들려주려고 공저를 집필하였다.

- 단국대학교 음악대학 작곡과졸업
- 연세대학교 Music-i 음악교육전문과정수료
- EMEC 음악교육프로그램 개발 및 전문교육강사
- 여성능력개발원 지원 음악프로그램 개발 및 운영
- 음악으로 생각하기 지사운영
- 피아노하우스 지사운영
- 민피아노 아카데미운영
- 현)솔리드음악학원 원장. 올라뮤직 아카데미 원장
- 학습코칭 전문가, 음악치료 전문가, 도형심리상담가, 애니어그램전문가, 가족심리전문가, 뇌지도사 등

- 솔리드음악학원, 올라뮤직학원

https://www.youtube.com/@mlesson2345

https://blog.naver.com/holamusic

sorinamoo16@naver.com

서울대 학생들이 만든 아마추어 오케스트라 SNUPO는 올해로 62회 연주회를 안양아트센터 관악홀에서 가졌다. 그 실력도 Brahams Symphoy No 2를 연주 할 만큼 좋은 실력이다. 공부만 했을 것 같은 서울대생들이 언제 악기를 배워 수준급으로 연주할까?

미국 명문 학교인 스탠퍼드나 하버드 같은 아이비리그 대학은 SAT(미국수능)을 만점 받아도 무조건 뽑지 않는다. 창의성 있고 잠재력 있는 학생을 뽑기 위해 봉사활동 및 액티비티, 리더십을 평가의 중요 기준으로 삼는다. 액티비티에는 악기 연주나 체육 활동이 포함되는데 부모들은 아이가 어릴 때부터 공부는 물론 악기를 배우기와 체육을 꾸준히 시킨다. 공부, 악기 모두 포기하지 않은 아이들이 결국 다 잘하게 된다.

21세기 들어와서 음악이 뇌 과학, 심리학 인류학과 접목되고 있다. 음악이 인간에게 얼마나 광범위하고 강하게 영향을 미치는지에 대한 연구와 각 분야의 적용이 활발하게 이뤄지는 중이다. 삶의 모든 요소에서 음악을 빼놓을 수는 없다. 우리는 음악을 듣는 것만으로도 영향을 많이 받는다. 하물며 악기 연주는 상상 이상의 것을 경험할 수 있고 성장 발달 및 인지능력, 언어능력, 감성지능, 운동능력 등 모든 분야에 도움이 된다.

요즘은 음악을 듣는 것만이 아니라 악기 하나는 어쩌다 배울 기회가 생긴다. 한국은 악기를 배우기에 좋은 환경이다. 합리적인 교육비에 교육기관도 많아 쉽게 시작하지만, 누구나 잘하지는 못한다. 중간에 포기해서인데 가장 많은 이유가 공부 때문이다. 공부할 시간이 부족해서, 영어, 수학에 집중해야 할 것 같아서, 악기만 하고 공부는 하지 않아서, 공부 안 하고 악기 전공한다고 할까 봐. 이 밖에도 악기에 흥미가 없는 것 같아서, 배운 기간에 비해 많이 늘지 않아서, 악기에는 관심 없고 친구 따라가는 것 같아서 다양한 이유로 잘하기도 전에 포기한다.

한국 부모님들이 다른 과목은 욕심을 덜어야 할 정도로 많이 시킨다. 공부는 아이 의지나 기질 호기심에 상관없이 포기하지 않고 잘할 때까지 못하면 잘하는 방법을 찾아서 공부에 흥미가 없으면 억지로라도 시킨다. 하지만 악기를 가르치면서는 조금이라도 힘든 상황이 오면 쉽게 포기해 버린다. 악기를 배우는 과정은 다른 과목과 마찬가지로 반드시 잘못하는 시기가 있다. 제대로 연주하게 되면 즐겁지만, 습득하는 과정은 즐겁지 않다. 잘 연주하는 데까지 생각보다 꽤 시간이 걸릴 수도 있다. 그럼에도 10년 20년 후, 내 경쟁력을 생각한다면 다른 부분의 욕심을 덜어내고 악기에 욕심을 가져 보면 어떨까? 내 아이가 서울대생들이 만든 아마추어 오케스트라 아마추어 SNUPO 오케스트라 단원이 되어 공부만 잘하는 아이들보다 경쟁력을 갖는 날이 오지 않을까?

악기를 시작하고 학생이 어떻게 하면 포기하지 않고 꾸준히 배워 악기 하나쯤 잘할 수 있을까? 33년 가르치고 상담하니 악기를 시작하는 건 쉬워도 꾸준히 배우고 가르치는 것은 쉽지 않았다. '악기를 왜 해야 하고', '악기를 잘하면 뭐가 좋아지고', '악기 하나쯤 잘하면 삶에 어떤 변화가 생기며 어떻

아이의 잠재력을 깨우는
7가지 열쇠

게 달라지는지'에 대한 명확한 답은 아닐지라도 필요한 시기에 적절하게 힌트 정도 주기 위해 음악뿐 아니라 다양한 분야에 관심을 가지고 연구하면서 열심히 가르쳐왔다.

부모는 교육을 통해 자녀가 사회에 필요한 인재로 자라길 바라고 기대한다. 행복하고 풍요로운 삶을 살기 원한다. 하지만 공부만 잘한다고 부모가 바라는 것들을 다 누릴 수 있을까? 우리도 그런 교육을 받았고 자랐지만 사회에 필요한 인재로서 행복하고 풍요로운 삶을 살고 있다고 할 수 있나? 물론 다 그런 것은 아닐 것이다.

음악교육을 통해 악기를 배운 아이는 정서적으로 안정되고 감정이 풍요로워지며 악기 연주를 통해서 자신감이 있는 아이로 자라고 합주를 통해 사회적으로도 사람과 소통하는 법을 알아 배려심 있는 사람으로 자란다. 교육과정을 통해 인내심을 가지고 자기 일을 책임감 있게 해내는 사람으로 다른 사람에게도 인정받으며 사회에 필요한 사람으로 자라는 데 필요한 많은 소양을 배우고 갖추게 된다. 이렇게 정서적으로도 안정되어 좋은 성품을 가진 사람으로 더불어 즐겁게 사는 법을 아는 사람으로 자라게 된다. 단지 악기 하나를 배우는 것뿐인데 아이들은 부모가 교육을 통해 자녀에게 주고 싶은 행복한 삶의 방향에 더 가까워지는 것을 현장에서 보았고, 보고 있다.

우리나라처럼 악기를 배우기 매우 좋은 환경에 살고 있으면서도 악기를 배우고 싶은 학생과 악기를 가르치고 싶은 학부모가 현실적으로 눈앞에 보이는 것만 생각한다. 즐겁게 배우다가도 가장 많이 포기하는 이유는 공부 시간에 더 투자하기 위해서이다. 그렇다 보니 악기를 배운 학생은 많은데 악기를 잘하는 사람은 많지 않다. 경험상 악기를 잘할 때까지 배우는 학생은 5% 정도 될까? 100명 중 5명 정도라 해도 과언이 아니다. 가끔 학원에 친구가 따라오는 경우가 있는데 "악기를 배웠었니?" 물으면 대부분이 배웠다고 한다. 하지만 지금은 다 잊어버리고 못 한다고 아쉬워하며 말한다. "왜 그만두게 됐어?"하고 물으면 대부분 "공부해야 해서요."라고 대답한다.

"그렇구나. 그 시간에 공부하는 거니?"
"안 하죠."
"음, 그럼 피아노를 다시 시작해 보면 어때?"
"엄마가 공부해야 한다고 못 하게 하실 걸요?"

아이들이 악기 연주를 안 하는 시간에 과연 공부를 열심히 할까? 부모님들도 알고 있을 것이다. 하지만 불안한 마음에 그렇게라도 공부 시간을 확보해야 한다고 생각하는 것을 아닐지? 짧은 시간에 눈에 보이는 성과를 낼 수는 없지만 악기 교육을 통해 공부의 자질이 같이 길러진다. "얼마나 언제까지요?"라고 물어오면, 기간은 악기마다 다르고 학습자의 기질과 특성에 따라 다르기에, "잘할 때까지요."라고 답한다. 당장 아이가 공부를 잘했으면 하는 부모님의 기대와 바람은 공감한다, 하지만 교사 입장에선 공부만 잘하는 아이가 아닌 사회에 필요한 인재로 자라길 바라고 행복하고 풍요로운 삶을 살았으면 한다.

따라서 부모님들이 자녀의 인생에서 최소한의 음악과 함께 할 수 있도록 교육의 로드맵에서 악기를 필수로 넣으셨으면 한다. 이 글을 통해 그 시간을 포기하거나 놓치지 않길 바라고 음악교육을 시작했다면 악기 하나쯤 잘하는 경쟁력 있는 인재로 키워내길 바란다.

# 01 피아니스트가 아니라 피아노 선생님

**피아노 선생님을 좋아하다 보니,**
**어쩌다 피아노를 치게 되다.**

　사람마다 악기를 배우게 된 동기는 다르다. 하지만 어릴 때는 자기 의지보다는 엄마의 손을 잡고 배우러 오는 경우가 많다. 어쩌다 어쩔 수 없이 악기를 시작하면 배우는 과정은 아이가 해내야 한다. 악기 연주는 즐겁다. 하지만 배우는 과정이 즐겁지만은 않다. 악기를 시작하고 꾸준히 배우려면 다양한 동기가 필요하다. 많은 경우 처음부터 악기가 좋아서 할 수만은 없다. 순수하게 악기를 좋아하기 전까지 배움을 지속하기 위해서는 어떠한 외적 동기도 괜찮다.

　도도솔솔라라솔~
　어린 시절 누구나 들어본 모차르트의 〈작은 별〉 변주곡.
　배우지 않아도 아는 곡이다.

　여섯 살 때 유치원에서 점심 먹고 친구들과 신나게 놀다가 종일반 친구만 남아있는 심심한 오후, 어디선가 들리는 피아노 소리를 따라갔다. 한쪽 방에서 상냥한 말투와 부드러운 목소리로 피아노를 가르치는 예쁜 선생님을 보고 피아노를 배우고 싶어졌다. 아이들이 악기를 처음 시작할 때 어쩌다 보면 악기보다 선생님이 좋아서 친구가 좋아서 친구 따라 악기를 시작하기도 한다.

나도 예쁜 선생님이 좋아 어느 날 오후부터 피아노를 배우게 되었다. 예쁜 선생님을 만나는 것은 좋았지만 배우는 것은 어려웠다. 작은 손가락 열 개를 따로 움직여야 하는 것이 감옥에 갇혀 있는 손가락을 하나씩 꺼내는 기분이었다. 5세에서 6세는 곡을 연주하는 것보다 먼저 손가락 독립과 소근육 움직임부터 배우는 시기로 기어다니는 아기가 걸음마를 배우는 것과 같이 어렵고 답답하게 느껴질 수 있다. 피아노를 배우는 것이 재미있을 거라 기대했는데 재미도 없고 어려워서 그만하고 싶었다. 예쁜 선생님은 마음대로도 못 치게 하고 악보대로만 치라고 하셨다. 내가 원하는 것을 배우고 싶은데 책에 있는 알 수 없는 곡을 쳐야 해서 답답했다.

친구들과 놀고 싶은 날에도 정해진 시간에 바른 자세로 앉아 배워야 했다, 선생님이 가르쳐 주시는 박자는 내가 부르는 노래의 박자와 달라 오히려 틀리게 가르쳐 주시는 것 같았다. 피아노를 배우면 바로 짠! 하고 〈작은 별〉을 연주할 줄 알았는데 노래도 안 되는 곡을 배우며 얼마간의 시간을 보내야 했다. 그만두고 싶었지만 틀려도 항상 친절하고 상냥하게 가르쳐 주시는 예쁜 선생님을 계속 만나고 싶었다. 그만하고 싶고 어려웠지만 피아노를 잘 쳐서 선생님께 칭찬받고 싶었다. 그렇게 배우다 보니 어느 날부터 〈작은 별〉 연주할 수 있게 됐고 선생님께 칭찬받는 날도 많았다.

〈작은 별〉 정도는 잘 치고 피아노가 조금씩 좋아질 때쯤 피아노 배우는 시간에 놀이터에서 놀고 있는 친구들과 같이 놀고 싶었다. 그때쯤 우연히 피아노를 같이 배우는 친구가 색깔이 예쁘고 맛있게 보이는 사탕을 두어 개

가지고 와 주변 친구들에게 자랑했다. 선생님 피아노 위에 투명 유리병에 보물처럼 놓여있던 사탕이었다. 선생님께서 주신 것 같은데 어떻게 받았는지 궁금했다. 부럽기도 하고 질투도 나서 열심히 잘 쳐서 선생님께 칭찬도 받고 사탕도 받고 싶어졌다. 친구들과 놀고 싶었는데 사탕을 받고 싶어 다시 피아노를 열심히 치게 되었다.

어쩌다 보니 그렇게 피아노를 꾸준히 배우게 되었다. 잘하는 것도 없고 내성적이고 표현도 잘못하는 아이였는데 어쩌다가 피아노를 배우며 자연스럽게 성취감도 느끼고 잘하는 게 생겨 칭찬도 받으며 친구들이 부러워하는 경험들이 좋았다. 이렇게 악기도 좋아질 때까지는 시간이 걸린다. 그 과정에서 다양한 경험을 하게 되고 꾸준히 배우기 위해서는 학습 동기가 필요하다. 순수하게 악기가 좋아질 때까지는 다양한 학습 동기로 배우는 것을 유지한다면 어느 순간 순수하게 악기를 좋아하는 시간이 온다.

**피아노학원에서 놀다 보니,**
**어쩌다 잘 치게 되다.**

초등학교에 들어가면서는 동네에 피아노학원이 없어 바로 연결해서 배우지는 못하고 초등학교 3학년 때쯤 서울로 이사 오면서 동네 피아노학원에 다시 다니게 됐다. 당시에는 피아노학원이 많지 않아 동네마다 한곳 정도 있었다. 피아노를 배우는 아이들은 그 피아노학원 다 모였다. 학원에 가면 동네 친구들을 많이 만날 수 있었다. 피아노학원은 기와지붕의 옛날식 건물과 현대식 콘크리트 건물이 연결된 구조로 되어 있었다. 앞쪽의 콘크리트 현대식 건물은 피아노학원이고 학원으로 들어가서 뒷문으로 나가면 작은 흙 마당 있는 기와로 된 가정집이 나오는 재미있는 구조였다. 기와집은 가정집으로 선생님 가족이 사는 집이었다. 기와집은 대문도 있었는데 학원에 다니는 아이들은 학원 뒷문을 통해 기와집을 다니곤 했다. 학원 건물엔 화장실이 없어 기와집 화장실을 사용했고 아이들 연습을 위해 기와집 방마다 피아노가 한 대씩 있어 간혹 연습을 위해 기와집을 갔다. 학원과 기와집이 분리되어 있었지만, 수업 시간에는 기와집도 학원이었다. 현대식 건물 쪽 학원에서 피아노를 치고 레슨도 받았다. 학원에 비치돼 있는 보드게임도 하며 아이들과 시간을 보냈다.

정해진 수업 시간은 1시간이었는데, 선생님도 아이들도 딱히 시간제한 없이 학원에서 시간을 보냈다. 놀다가도 피아노치고 피아노 치다가 놀고 가끔은 친구랑 기와집 작은 흙 마당에서 놀았던 기억도 있다. 그렇게 학원에서 오래 있어도 선생님도 가라고 안 했다. 부모님도 피아노학원에 있다고 생각하셨는지 찾지 않으셨다. 아이들을 위해 놀이터나 놀 만한 장소가 없던 시절 피아노학원은 안전하게 놀 수 있는 놀이터였다. 초등학교 때 피아노학원에서 놀며 시간을 보내다 보니 어쩌다 피아노 실력도 많이 늘어 2년 정도 지나니 소나타쯤은 잘 치게 되었다.

**반주를 하다 보니, 어쩌다 피아노 실력이 늘게 됐다.**

피아노학원이 많지 않은 것처럼 피아노를 배우는 사람도 피아노를 잘 치는 사람이 많지 않아 반주자를 구하기가 어려웠다. 피아노를 조금만 쳐도 반주를 맡았다. 나도 실력은 부족했지만, 초등학생 때부터 교회 예배 반주를 맡게 되었다. 교회는 친구 따라 몇 번 간 것이 전부였는데 믿음 없이 이모 부탁으로 교회 반주를 하게 되었다.

어린 나이에 낯가림도 심하고 반주가 처음이라 걱정을 많이 했는데 다행히 개척교회로 성도들이 많지 않고 가족적인 분위기여서 적응을 할 수 있었다. 성도가 많지 않아 예배도 교인 전체가 다 같이 모여 한 번에 예배드렸다. 그동안 예배 반주자가 없어서인지 처음 예배 반주를 하는데 반주를 어떻게 하는지 자세히 안내해 주는 사람도 없어 눈치껏 해야 했다.

어리둥절 예배를 마치면 틀리고 미숙했던 반주를 생각하며 창피해 고개도 못 들고 있으면 부모님 같은 성도님들이 오셔서 '어린데 반주를 잘하네' 하시며 칭찬과 격려를 해 주셨다. 그렇게 아무것도 모르고 어쩌다 시작된 반주자를 꾸준히 계속하게 되었다. 그렇게 성실하게 시간을 보내다 보니 교회도 부흥회 예배가 늘고 반주 실력도 향상되어 교회에서 드리는 거의 모든 예배 반주를 하게 되었다. 그러다 보니 어쩌다 중학생 때도 꾸준히 피아노를 배웠다. 반주하면서 믿음도 자라고 음악을 계속하는 인도하심이 있는 시간이었다.

## 피아노가 인생의 높은 음자리표가 되다

피아노학원을 교회 집사님이 운영하는 학원으로 옮기게 되었다. '명초음악학원'으로 선생님을 명초 선생님이라고 불렀다. 명초 선생님을 만나고 다양한 곡을 배우면서 더 흥미를 갖게 되었다. 본격적으로 피아노를 배우면서 실력도 많이 늘고 분기별 연주회도 했다. 연주회가 끝나면 선생님께서 파티를 준비해 주셔서 아이들과 재미있는 시간을 가지기도 했다. 각자 선생님이 정해주신 곡을 몇 달에 걸쳐 레슨을 받아 연습하고 외워서 완성도 있게 무대에 올렸다. 내성적인 나에게는 무대에 서는 것이 매우 긴장되고 불편했다.

하지만 시키면 성실히 하는 성향으로 선생님이 가르쳐주신 대로 열심히 배우고 연습했고 선생님을 실망시켜 드리고 싶지 않아 힘들어도 열심히 했다. 연주회나 대회를 준비하기 위해서는 매일 같은 곡을 연습해야 하는데 나는 오히려 연습 과정이 새로운 걸 배우는 것보다 편하고 즐거웠다.

하루는 연습 중 피곤하고 졸려 작은 피아노 의자에 웅크리고 누워 잔 적도 있었는데 선생님께서는 아시면서도 그냥 두셨다. 열심히 연습 후 레슨 시간에는 선생님께서 곡에 대한 이야기도 해주시고 칭찬과 격려도 해 주셨다. 그렇게 나의 손가락에서 아름다운 음악으로 완성되고 만들어지는 과정이 행복하고 즐거웠다. 그렇게 음악이 만들어지는 과정에서 느꼈던 뿌듯한 성취감, 그로 인해 선생님께 받았던 칭찬, 음악이 아름답게 만들어지면 그것을 연주하는 나 또한 음악과 함께 아름답고 특별해지는 느낌이었다. 일 년에 한두 번은 대회나 연주회가 있었다. 내성적이고 무대에서의 긴장감이 큰 나는 그 시간이 싫었다. 하지만 나의 의지와는 상관없이 연주회며 대회에 참석했고 어느 때부터는 연주회에 피날레를 장식해야 했었다. 무대에 대한 긴장은 많이 경험해도 익숙해지지 않았다.

그렇게 시간이 흐르고 어쩌다 피아노를 잘 치게 되어 학교 음악 시간 실기 시험 때도 피아노를 치면서 본의 아니게 학교 친구들 사이에서두 피아노를 잘 치는 아이로 통하게 되고 학교 합창대회며 행사에 반주를 하기도 했다. 이렇게 내 일상에 피아노는 항상 함께하는 친구가 되었다.

어느 날 명초 선생님께서 음악을 전공하면 어떻겠냐고 하셨다. 피아노를 일찍 배우긴 했지만 전공을 목적으로 한 것도 아니고 특별히 잘한다고 생각한 적도 없어 생각해 본 적이 없었다. 그저 그때까지는 어쩌다 보니 계속 배우게 되었고 어쩌다 보니 다른 아이들보다 조금 더 잘 치게 되었는데 갑자기 전공을 생각하니 부담스러웠다. 얼마 후 선생님께서는 엄마와 상의하셨고 음악에 대해 전혀 모르시는 엄마는 선생님께 믿고 맡기셨다.

어쩌다 이렇게 선생님과 엄마의 결정으로 전공을 준비하면서 엄마는 경제적으로 지원해 주셨고 선생님께서는 본격적으로 매니저가 되어 주셨다. 그때부터는 피아노 선생님이 두 분이 되셨다. 큰 선생님께 레슨 받고 명초 선생님과 연습하고 완성되면 다시 큰 선생님께 레슨하는 방법으로 전공 수업이 진행했다. 명초 선생님은 전공 관련 전반을 알아봐 주시고 함께해 주셨다. 피아노과를 준비하면서 내가 무대 체질이 아니라는 사실을 깨달았다. 명초 선생님과 잘 준비한 곡도 큰 선생님께 레슨 받을 때면 연습대로 못 해서 혼나곤 했다. 큰 선생님께 레슨 받는 학생들은 연주회를 가끔 했는데 그들도 긴장해서 실력 발휘를 못 하기 일쑤였다.

이런 내가 안타까웠는지 명초 선생님께서 무대에 서지 않아도 되는 작곡과를 말씀해 주셨다. 작곡과는 피아노 실기도 중요하지만, 곡을 쓰고 이론을 많이 보기 때문에 나에게 더 맞을 것 같다고 하셨다. 나도 무대에 서는 것보다는 다른 공부를 추가로 하는 편이 더 좋았다. 그 후 작곡과로 방향을 전환하고 새로운 분야의 공부를 시작하며 피아노 외에 화성학 작곡 시창과 청음으로 배워야 하는 과목이 늘었고 작곡과 전공을 위해 네 분의 선생님께 각 과목을 배웠다. 그렇게 꾸준히 공부 후 만족할 만한 학교는 아니었지만, 작곡과에 수석으로 입학했다. 대학에 들어와서 작곡에 대한 깊이 있는 공부를 하며 진로 관련 고민을 했다. 음악교육 프로그램에 관심을 가지고 교육을 받았다. 어쩌다가 교육받은 회사에서 함께 일해볼 것을 제안받고 취직하게 되었다. 회사에 입사하면서 본격적으로 음악교육을 시작하게 되었다.

하는 일은 음악을 컴퓨터로 교육받을 수 있는 프로그램을 만들었는데 재밌고 적성에 맞았다.

졸업 후 교육프로그램을 개발하고 교육하며 20대 중 후반 7년을 지냈다. 결혼 후에도 작곡보다는 교육 쪽에 관심을 가지고 일을 했다. 일을 꾸준히 하다 40대에 음악교육에 관심을 넘어선 남다른 열정이 있음을 인정하게 되었다. 그리고 교육에 대한 작고 소박한 사명감도 품게 되었다. 어쩌다 유치원 때 예쁘고 친절한 선생님 좋아 만났던 음악, 초등학생 때 피아노를 배우며 안전하게 놀 수 있는 장소를 제공해 주었던 음악, 중학교 때는 나를 가치 있고 특별하게 만든 음악, 고등학교 때는 전공을 위해 나를 치열하게 만들었던 음악, 대학 때는 최소한의 것들로 나를 지탱해 줬던 음악, 그 후 이렇게 어쩌다 음악과 함께 지내면서 피아노 선생님이 되었다. 이제 음악은 내 정체성의 중심으로 교육을 통해 의미 있는 삶을 만들고 있다.

# 02 인생의 샵(#)으로 음악을 만난 아이들

일반적으로 부모님들은 음악교육을 기능적인 면, 즉, 악기를 잘 연주하는 데에 목표를 둔다. 음악성은 피아노, 바이올린, 플루트 등 악기를 잘 연주하는 기능적인 요소만을 의미하는 것은 아니다. 음악교육을 통해 변화되는 아이들. 음악교육이 주는 삶의 변화는 매우 광범위하다. 대부분은 일반적인 방법으로 교육이 가능하지만, 때로는 학습이 어려운 학생들이 있다. 특별히 문제가 있다고 할 순 없으나 가르치기 힘든 아이들이 많아지는 추세다.

경계성 지능 장애, ADHD, 발달지체, 언어 발달지체. 학습 및 언어장애 등이 많아지고 있다. 언어 지연, 산만함과 사회성의 발달 문제에 문제가 두드러지게 나타나 일찍 발견할 경우, 조기에 그에 맞는 이해와 교육적 환경을 고려할 수 있다. 그렇지 못하면 초등학교 교육을 받다보면 초3쯤부터 학습에 어려움이 두드러지게 나타날 수 있다. 교육 현장에서도 학습이 느리거나 산만하거나, 친구와 소통이 안 되어 문제를 일으키거나, 선생님의 지시에 따르지 못하거나, 과잉행동을 보이는 등 생활과 학습에 어려움을 겪게 된다. 피아노는 7세쯤부터 많이 시작한다. 이런 어려움이 있는 아이들은 부모가 인지 못 하는 경우가 대부분이고, 알더라도 아직 문제로 인식하지 못 하는 시기이다. 부모님은 악기 교육이 아이의 학습 능력과 상관없이 관심과 흥미만 있으면 잘할 거라고 여긴다. 그래서 악기를 시작하고 좋아하게 될 때까지는 선생님이 연주법을 꾸준히 가르치기 위해 테크닉만이 아니라 그 이상을 고민하고 고려해야 한다.

   악기를 가르치는 것보다 때론 아이 성향과 기질을 잘 파악하는 것도 중요했다. 아이의 어려움을 파악해서 포기하지 않고 극복하도록 도와야 한다. 나는 악기를 가르치는 것 외에, 기질, 심리상담, 음악치료, 에니어그램, 가족 심리, 학습코칭 등 다양한 공부를 했고 급기야는 뇌를 공부했다. 악기 연주는 매우 특별하고 즐거운 일이나 과정은 시간이 걸리고 어렵다, 하지만 선생님이 포기하지 않으면 느린 아이, 산만한 아이 누구나 제대로 연주하게 된다.

**인생의 음표와 쉼표를 악기로 배운 준성이**

   어릴 때부터 자극에 예민한 아이들이 있다. 특별히 소리에 민감한 아이들을 노래도 잘 따라 부르고 집에 피아노가 있는 경우는 간단한 곡은 비슷한 음을 찾아 연주도 한다. 준성이 어머니는 아이가 듣는 귀가 예민하고 음악을 좋아해서 일찍 피아노학원을 보내셨다. 학원을 보내고 얼마 안 됐는데 아이가 피아노를 싫어하게 됐다며 고민이라고 하셨다. 준성이는 집에서 마음대로 연주하던 곡을 학원 선생님 앞에서 실력을 발휘해 멋지게 연주했다. 하지만 준성의 연주는 교사가 보기에 잘못된 자세부터 틀린 음과 박자까지 고쳐야 할 것이 많아 보일 수 있다. 집에서 혼자 연주하다 조금은 익숙해진 잘못된 습관들을 어떻게 고쳐서 가르쳐야 할지 고민에 빠졌을 것이다.

   교사는 바른 자세와 악보를 읽는 방법을 열심히 가르치기 시작했을 것이다. 얼마 후 준성이는 피아노가 재미없어졌다고 말했다. 엄마는 아이 말만 듣고 이미 시작한 교육을 멈추는 것이 맞는지, 싫다는 아이를 계속 보내는 게 맞는지 고민했다. 혹여 흥미마저 잃으면 어쩌나 걱정하게 됐다. 준성처럼 영리하고 귀가 예민해서 음감이 좋은 아이들은 처음엔 악보를 보고 연주하는 것보다 듣고 연주하는 것이 빠르다. 그리고 몇 번 치면 외워버린다. 동요 정도는 배우지 않아도 음은 찾아가며 연주하고 즉흥연주도 가능하다. 이렇게 음악적인 재능을 보면 빨리 교육을 시키고자 계획을 세우게 된다.

대부분 아이도 적극적이다. 그래서 악기를 일찍 시작하게 되는데 악기를 본격적으로 배우기 시작하면 들리는 대로 치지 않고 보이는 대로 쳐야 해서 힘들어한다. 박자를 알아야 하고 지켜야 하고, 멜로디를 연주하기 위해 규칙에 맞춰 계이름 읽는 법을 배워야 간단한 동요라도 한 곡 연주할 수 있게 된다. 이런 과정은 듣고 치기에 익숙한 아이들은 악보를 보고 연주하는 것이 매우 느리고 답답하게 느껴져 흥미를 잃게 된다. 이런 경우 교사는 아이 성향과 기질을 정확히 알고 어렵다고 느끼는 부분을 극복할 수 있도록 기질에 맞는 교습법을 찾아야 한다. 안 그러면 준성처럼 똑똑하고 귀가 예민한 아이들은 피아노를 잘 치기 전에 흥미를 잃고 포기할 수 있다.

음악을 들을 때는 주로 뇌의 청각영역과 정서를 담당하는 영역이 서로 정보를 주고받게 된다고 한다. 그런데 악기 연주를 하려면 뇌의 청각영역, 시각영역, 운동영역, 체성감각 영역 등 뇌의 모든 영역이 활성화되어 정보를 주고받는다고 한다. 그러니 영리하고 유난히 청각이 발달했더라도 그것만으로는 어려울 수 있다. 그래도 준성이는 영리한 아이라 악보 읽기를 빠르게 습득하고 피아노를 계속 쳤다. 준성이는 공부, 악기, 운동 다 잘하는 아이로 대학교를 졸업하고 현재는 대기업 IT 개발자로 일하고 있다.

### 아람이가 만난 행복한 알레그로(Allegro)

어느 해 신학기 초등 1학년 들어가는 아이들이 피아노를 시작하는 3월 아람이가 엄마와 함께 피아노를 배우기 위해 학원에 방문했다. 상담하는 동안 아람이는 아무 말 없이 수줍게 앉아 있었고 어머니께서 아이의 성향에 대해 말씀해 주셨는데 무엇을 하든 의지가 없고 느려 답답하다고 말씀하셨다. 피아노를 가르치는 것도 아이의 의지에 상관없이 초등 1학년 때 대부분 시작하니까 데리고 오셨다고 했다. 느리기도 하고 의지가 없으니 별 기대 없이 학교 음악 시간에 계이름이라도 읽을 수 있도록만 하면 된다고 했다.

아이가 의지가 없고 어머니는 아이에 대한 기대가 없어 보였다. 아람이는 몇 가지 질문에 무표정으로 고개를 간단히 끄덕일 뿐 의욕 없어 보이긴 했다. 상담 후 수업을 시작했는데 의지도 없고 집중력도 부족해 조금만 해도 힘들다는 말을 자주 했다. 건반에 손을 올리는 것도 올리라고 말해야 올렸다. 매우 수동적인데 고집도 센 편이었다. 수업 시간이 남아있는데도 끝내고 싶어 했다. 아이와는 대화도 통하지 않고 회유도 타협도 되지 않았다. 간단하게 기질을 검사해 보니 의외로 의지가 강한 아이였고, 본인이 하고 싶은 것에만 의욕을 보이는 기질이었다. 알고 나니 아이의 태도를 이해하는데도 교육의 방향을 잡는 데 도움이 되었다.

시간을 가지고 아이와 신뢰를 쌓고 상의해서 치고 싶은 곡을 정하고 수업을 하기로 했다. 보통은 피아노 테크닉 교재로 바이엘 체르니를 사용하며 일반적인 커리큘럼과는 다르지만, 원하는 곡을 치기 시작하니 조금씩 의지를 보이기 시작했다. 아이는 독립심이 강해서 선생님의 도움을 받는 것도 싫어했다. 자존심이 강해 틀리는 것을 배우 싫어했고, 지적하고 간섭하는

아이의 잠재력을 깨우는
7가지 열쇠

것에 민감한 반응을 보여 교육하기 어렵고 선생님도 가르치기 조심스러운 학생이었다. 틀린 것도 아이가 민감하게 받아들이지 않도록 했고 느리지만 본인이 스스로 고쳐가면서 성취감을 조금씩 느낄 수 있도록 기다려 주었다.

아람이 기질에 맞춰 가르치다 보니 조금씩 피아노를 좋아하게 되었다. 아이는 꾸준히 3년 정도 피아노를 배워 원하는 곡은 악보를 보며 연주할 정도가 되었다. 그렇게 피아노를 치게 되었다. 음악을 좋아하게 되면서 드럼을 배우게 되었다. 기본적으로 피아노를 배운 아람이는 드럼을 쉽게 배우고 꾸준히 배워갔다. 아람이는 무엇에나 의지가 없는 아이였지만 악기를 배우며 조금씩 의지가 생겼다. 잘하는 악기가 생기면서 학교에서 밴드부 활동도 하게 되었다. 즐겁게 학교생활을 하며 자신감도 생겨 공부도 잘해 좋은 대학에 가고 싶어 하는 학생이 되었다. 단지 악기를 배우고 악기 하나를 잘하는 것만으로 아름이는 삶의 많은 것이 발전하고 달라졌다. 그리고 누구나 인생의 변화와 발전의 도구를 찾고 있다면 자기에게 맞는 악기를 찾아볼 것을 조언한다.

**인생의 소나타를 악기로 연주하는 지윤이**

예고 2학년 지윤이를 만난 것은 5세부터였다. 유독 조기교육에 관심이 많은 어머님이 피아노를 가르치기 위해 상담을 요청해 왔다. 처음 만났을 때 너무 예쁜 아이가 낯도 가리지 않고 밝게 웃어 주는 모습에 반했다, 어린 세은이가 수업이 가능할지 샘플 수업을 했다. 지윤이는 수업 시간 내내 지시에 따르지 않고 술래잡기하듯 책상 위며 피아노 위까지 도망 다녔다. 수업을 마치고 상황을 말씀드리고 아직 수업이 어려울 것 같다고 어머님께 말씀드렸다. 하지만 어머님은 악기 연주를 잘하기 위해 피아노를 시키려는 게 아니라고 하셨다. 그리고 너무 산만해서 피아노를 배우며 집중력을 기르려고 한다고 하셨다. 악기는 집중력이 있어야 하고 악기를 배우다 보면 당연히 집중력이 길러진다.

하지만 극 산만한 5세 지윤이를 가르치려면 얼마나 힘들지 상상이 되니 오히려 각오가 필요했다. 내 결정과 상관없이 이미 어머니는 교육을 하기로 마음을 먹은 듯했다. 내가 맡아주면 좋겠지만 내가 아니어도 악기 교육을 시작할 것 같았다. 나는 고민이 됐다. 괜히 마음이 쓰는 것이, 산만한 지윤이가 혹시나 어머니 욕심에 음악에 잘못 접근하다가 악기를 싫어하는 아이가 될지도 모른다는 걱정이 앞섰다. 간혹 경험이 없는 선생님과 부모 욕심에 테크닉 위주의 교육으로 접근했다가 악기를 배우지도 못하고 악기에 대한 부정적 이미지만 심어주는 경우가 있기에 걱정이 된 것이다.

이런저런 고민 끝에 수업을 하기로 했다. 수업을 시작하고 지윤이는 생각 이상으로 산만해 잠시도 가만히 앉아 있지 않았다. 피아노뿐만 아니라 다양한 악기와 재료를 가지고 수업을 진행했는데 소리에 대한 자극 때문인지 더 산만해졌다. 하지만 다행히 악기에는 관심을 보였다. 아이는 감정을 조절하거나 절제하는 능력이 부족했다. 사회성 부족으로 상호 작용이 되지 않아 수업에 어려움이 많았다. 그래도 꾸준히 하다 보니 조금씩 규칙이 훈련되었다, 나 또한 지윤이와 소통하는 방법을 알기 시작하면서 나아졌다. 수업은 지윤이의 컨디션에 따라 달랐는데 수업이 전혀 진행되지 않는 날도 있었다. 하지만 어머니는 이 정도면 잘하는 편이라고 하시며 만족하셨다. 그렇게 지윤이를 한 해, 두 해 가르치게 되었다. 어느덧 지윤이가 학교를 가기 전 7세가 되었다. 피아노를 배운 기간에 비해 연주를 잘 하진 했지만, 반복을 통해

아이의 잠재력을 깨우는
7가지 열쇠

간단한 곡들은 양손으로 연주할 수 있었다. 그리고 동요 몇 곡 정도는 뽐내며 연주할 정도가 되었다.

어느날 지윤이 어머니께서 아이가 한글을 시작하고 배운 지 오래인데, 7세가 되도록 한글을 못 떼고 있다고 하소연하셨다. 그동안 한글을 가르치기 위해 다양한 방법으로 해보았는데 안 된다고 하시며 나에게 한글을 가르쳐 줄 것을 부탁하셨다. 처음엔 답답한 마음에 하시는 말인 줄 알았는데 몇 번이고 부탁하셔서 어려운 것은 아니니, 한번 가르쳐보겠다고 했다. 피아노를 가르치는 방법으로 가르쳐보면 되겠지, 라는 마음으로 시작했다. 지윤이와 나는 처음 음악 수업을 한 때처럼 다시 씨름하기 시작했다. 다행히 효과가 있는지 얼마 있다 조금씩 한글을 깨치기 시작했고, 피아노 선생님과 공부하면서 한글을 뗐다. 지윤이와 만난 지 3년쯤 되는 해였다. 음악과 언어는 소리 구조가 같고 음악과 언어 정보를 처리하는 뇌신경 회로에 공통점이 많다. 이런 이유로 음악을 '언어의 전조'로 여기고 음악을 이용하여 언어장애를 치료하는 시도들도 많아지고 있다. 그래서인지 악기를 가르친 방식으로 적용하니 한글 공부에도 효과가 있었다.

지윤이와의 인연은 초등학교 중학교에 걸쳐 계속되었다, 초등학교 5학년쯤 배운 기간에 비해 피아노 연주 실력이 늘지 않아 플루트와 함께 가르쳤다. 플루트에 흥미를 보였고 1년 정도 배우며 연주도 잘하게 되어 6학년쯤 되면서 학교 오케스트라에 들어가게 되었다. 오케스트라 활동을 하면서 선생님께서 칭찬도 받고 연주에 더 자신감을 가지고 플루트를 전공하고 싶다고 했다. 지윤이는 좋아지긴 했으나 여전히 또래에 비해 집중력도 지구력도 부족한 상태였다. 지윤이가 전공을 위해 밀도 있는 레슨과 많은 연습량을 소화해 낼 수 있을지 확신이 없었다. 상의 후 지윤이가 원하니 일단 전공 레슨을 시작하고 연습량을 견뎌내는지 기간을 두고 지켜보기로 했다.

지윤이는 연습량이 부족해 곡으로 완성도 있게 만들지 못했다. 전공을 하기는 힘들 것 같았다. 하지만 지윤이는 악기를 계속하고 싶다고 했고 전공도 하고 싶다고 했다. 얼마간 고민 후 지윤이의 기질과 환경에 맞는 바순으로 바꾸게 되었다. 그리고 바순으로 예고를 입학하게 되었다. 너무 산만해서 집중력을 키우고자 피아노를 배우게 됐는데 지금은 연주자로의 삶을 준비하는 예고생이 되었다. 지윤이는 인생의 제한된 시간 안에서 음악과 최소한의 시간을 꾸준히 보냈고 그러다 보니 음악을 좋아하게 됐다. 누구나 인생에서 함께할 친구를 만들고 싶다면 시간을 꾸준히 내어 악기를 배우길 바란다.

## 03 음악은 뇌를 노래하게 한다

**음악이 뇌에 미치는 영향**
**음악 잘하는 아이가 공부도 잘하는 뇌 과학적 이유**

　최근에 음악과 뇌 음악 치료 분야는 활발하게 연구되고 있다. 이러한 과학적 근거에 따라 임상 적용되고 있는 것도 사실이다. 음악 치료사인 마이클 H. 타우트는 음악이 생물학적으로 인간의 뇌의 뿌리 깊은 기능이고 뇌는 음악을 전담하는 신경회로를 가지고 있다고 했다. 음악은 구체적이지만 복잡한 뇌와 연관되어 있고 음악에 대한 민감성은 후에 예술적 성취가 있든 없든 상관없이 어린이들 발육에 중대한 역할을 한다. 음악에 대한 민감성과 자발적인 음악의 표현은 교육이나 학습 의식적인 노력 없이 인생 초기에 나타난다고 한다.

　뇌에는 음악 중추가 없다. 음악 활동을 할 때 뇌 안에서는 어떤 특정 영역만 활성화되는 것이 아니라, 뇌 전체에서 각 고유의 역할을 하는 두뇌 여러 영역이 참여해서 음악에 대한 정보를 처리한다. 그래서 음악 활동을 할 때는 각각의 역할이 있는 신경회로들이 동시다발적으로 활성화된다. 신경회로의 발달 과정을 보면 음악이 아닌 어떤 특정 역할을 하는 신경회로가 각각 먼저 발달하고, 음악 활동을 할 때는 이 신경회로들을 동원하여 음악 활동을 한다. 두뇌는 음악 활동을 위해 뇌의 곳곳에 흩어져 있는 네트워크들을 필요한 만큼 끌어다가 사용하는 것이다. 음악을 듣기만 할 때와 악기를 연주할 때, 노래를 부를 때 등 어떤 음악 활동을 하느냐에 따라 뇌의 활성화 범위가 다르다. 음악 활동의 종류에 따라 그 활동에 필요한 두뇌 영역들이 조금씩 다르다. 그래서 어떤 음악 활동을 하느냐에 따라 두뇌 영역에 차이가 있다.

뇌과학자들은 '기능성 MRI(= Magnetic Resonance Imaging)'를 통해서 음악을 들을 때 활성화되는 영역과, 악기를 연주할 때 활성이 되는 영역을 관찰했다. 관찰 결과 음악을 듣기만 할 때보다 악기를 연주할 때 영역이 훨씬 광범위했다고 한다. 음악을 들을 때는 주로 뇌의 청각영역, 정서를 담당하는 영역이 서로 정보를 주고받게 된다. 악기를 연주하려면 뇌의 청각영역, 시각영역, 운동영역, 체성 감각 영역 등 두뇌 모든 영역이 활성화되고 정보를 주고받는다.

실제 뇌과학자들이 음악가가 악기를 연주할 때 두뇌 어느 부위가 활성화되는지 알아보기 위해 MRI를 촬영했더니, 특정 부위가 아닌 뇌 전체가 활성화되는 것을 관찰했다. 이는 악기 연주 때 뇌의 거의 모든 영역이 사용된다는 것을 보여주는 것이다. 두뇌 계발을 위해서는 악기 연주를 배우는 것이 다른 어떤 두뇌 계발 프로그램보다 효과적이다(박세근,《음악과 학습의 뇌과학》中). 좀 더 구체적으로 인지 음악학의 발달로 들어가 보면 음악과 언어는 소리 구조가 같고, 음악과 언어 정보를 처리하는 뇌 신경회로도 공통적인 부분이 많다는 것이 알려지면서 언어장애가 있는 환자들의 치료 파킨슨병이나 난독증에도 음악을 이용하기도 한다.

Patel의 오페라 가설을 보면

**1) Overlap(공통)**

음악과 언어 정보를 처리하는 두뇌 신경망은 해부학적으로 동일하다. 따라서 음악 정보를 처리하는 훈련을 하면 언어 정보를 처리하는 회로가 활성화될 수 있다.

**2) Precision(정밀)**

정보처리의 정확성 면에서 음악에 대한 정보처리는 말소리에 대한 정보처리보다 더 높은 정밀도를 요구한다. 음정과 박자는 음악에 더 들어 있고, 언어에도 들어있다. 그렇지만 음악은 언어보다 음정과 박자의 정확성을 훨씬 더 엄격하게 요구한다. 따라서 음악 소리에 대한 정보처리를 정확하게 한다는 것은 말소리 정보처리를 정확하게 하는 것보다 어렵기 때문에 음악을 이용하여 훈련하면 두뇌에서 언어 정보를 처리하는 것이 쉬워질 수 있다. 즉 음악훈련을 하면 언어 훈련이 쉬워지는 효과를 볼 수 있다는 것이다.

**3) Emoton(정서)**

음악 정보와 언어 정보를 처리하는 두뇌 신경망은 대화할 때보다 음악 활동을 할 때 더 강한 긍정적 정서를 나타낸다. 따라서 음악을 들으면 언어를 통해서 얻는 것보다 정서적 만족을 더 얻을 수 있다.

### 4) Repetition(반복)

음악과 언어 정보를 처리하는 두뇌 신경망은 반복되는 음악 활동을 할 때 생활 속에 언어 정보를 처리하는 것 이상으로 반복 사용된다. 언어 발달에는 언어의 반복적 경험이 중요한데, 언어 자극을 반복적으로 경험하기 위해서는 치료사의 도움이 필요하고 환자가 반복에 싫증을 느끼기가 쉽다, 반면 음악을 통해 반복적 경험을 제공한다면 치료사의 도움을 최소화하면서 환자의 흥미를 유지하기가 쉽다. 즉 음을 이용한 언어치료가 실제 언어 자극을 주는 치료보다 언어 기능 향상에 더 많은 도움이 될 수 있다,

### 5) Attention(주의)

음악과 언어 정보를 처리하는 두뇌 신경망은 초점주의(Focused Attention)와 관계가 있어 음악의 내용을 파악하는 것이 대화의 내용을 파악하는 것과 관계가 있다. 그러므로 음악의 내용을 파악하는 훈련으로 대화의 내용을 파악하는 능력을 향상할 수 있다. 음악은 듣는 것만으로 나아가 악기를 연주하는 것만으로도 많은 변화와 성장 그리고 치료를 경험할 수 있다. 과연 음악교육은 언제 시작하면 좋을까? 빠르면 빠를수록 좋다. 조기교육이 좋은 과목이 음악이라고 할 수 있다. 인지심리학자 피아제가 분류한 단계를 기준으로 음악교육에 대해 간단히 살펴보자.

### 1) 영유아기(0~7세)

영유아기는 인생에서 가장 중요한 시기로 이때의 경험이 평생을 좌우한다. 많은 심리학자가 유아기에 근본적인 바탕이 이뤄진다고 말하고 있다.

이 시기에 음악 놀이를 통해 음악적 자극을 받으면 두뇌가 명석해지고 풍부한 감성으로 자라게 된다. 그런 음악 활동은 유아기의 각성을 통해 평생 기억에 남는다. 하지만 이 시기는 교육기관에서 교육하기 어려운 시기이다. 특별히 교육기관을 통해 교육하지 않고도 부모가 그 역할을 대신할 수 있다. 부모는 가장 훌륭한 교사이며 부모의 목소리가 가장 좋은 악기인 시기이다. 그래서 일상생활에서 부모와의 소통과 놀이를 통해 충분히 효과를 볼 수 있다.

## 2) 영아기(0~2세) 감각 운동 단계

오감 중 아이의 감각이 가장 먼저 발달하는 곳이 청각이다. 임신 3주면 소리를 들을 수 있고 5개월이면 소리에 반응한다. 음악적 자질과 음악적 재능은 9세 이전에 빠르게 발달하고 형성되는데 그 기간 중에서도 가장 중요한 시기가 태어나서 생후 18개월까지로 알려져 있다. 특히 음악성은 이 시기에 가장 많이 발달하기 때문에 이때 관심을 가지는 것이 효과적이다.

이 시기는 적극적으로 음악 수업을 하기는 어려운 시기이다. 숨을 쉬고 엄마의 심장 소리를 듣고 엄마의 감미로운 목소리에 반응하며 엄마가 불러주는 노래를 듣게 된다. 태교 때부터 듣던 익숙한 음악을 듣고 소리 나는 장난감을 노래에 맞추어 들려주는 게 좋다. 엄마의 목소리에 맞추어 반복해 들려주는 등, 일상생활의 다양한 소리 자극을 해주면 음감이 풍부해진다. 옹알이가 시작할 무렵엔 아이의 옹알이를 엄마가 반복해 주면 좋다.

소리를 통한 엄마와의 상호 작용은 정서적 안정감을 주며 소리에 대한 감각을 기르고 사회성을 기르는 데 도움이 된다. 8~9개월 무렵에는 음악에 맞춰 팔을 움직일 수 있는 시기이다. 엄마와 함께 리듬에 맞추어 팔과 몸을 자유롭게 움직일 수 있도록 해주면 리듬감을 키우는 데 도움이 된다. 9개월쯤 시각적 반응에 민감하게 반응하므로 사물을 관찰하는 장난감이나 인형을 이용해 음악을 시각화하여 움직이며 놀아 보는 것도 음악성을 기르기에 좋다. 1세 이전엔 익숙한 소리에 반응했다면 1세 이후엔 소리에 대한 민감성이 높아지는 시기이다. 이때 다양한 소리에 호기심을 갖는다. 일상에서 들리는 모든 소리에 관심을 가지게 되고 귀 기울인다. 음가가 있는 소리를 내기도 하며 엄마가 같이 따라 해주면 좋아한다. 노래를 불러줄 때 손뼉을 쳐주며 강약을 표현하면 리듬감을 익힐 수 있다.

음악을 듣고 몸을 자유롭게 움직이거나 주변의 물건을 마음껏 두드려보게 하기, 간단한 리듬악기를 준비해 함께해 보기도 리듬감을 기르는 데 효과적이다(악기는 간단한 캐스터네츠부터 시작해 음색의 변화가 화려해지는 트라이앵글, 우드블럭, 방울, 탬버린 등의 순서로 확장함).

### 3) 유아기(2~7) 전조작기

2~3세는 본격적으로 리듬감을 키우는 음악교육이 필요한 시기이다. 이 시기 아이들의 손가락 움직임이 자유로워지고 몸놀림이 다양해져서 리듬에 맞추어 흔들고 뛰어노는 것을 좋아한다. 따라서 아이에게 말할 때 리듬을 넣어서 한다거나 자연의 소리를 들려주며 소리로 표현해 준다. 따라서 표현해 보는 놀이도 리듬감을 길러 준다. 3세 이후는 신체 감각이 발달해 달리면서 속도를 조절할 수 있을 정도가 되어 음악에 맞춰 일정하게 박자에 맞춰 신체 표현도 가능해진다. 자유롭게 노래도 만들어 부르고 음악을 들으며 신체 표현을 적극적으로 하기도 하며 악기가 있으면 그것을 이용해 자유

롭게 표현하며 창작활동을 한다. 이 시기 부모의 적극적인 호응과 긍정적인 반응이 음악 활동에 지속적인 동기를 갖게 하는 데 매우 중요하다.

4~5세는 가족과 익숙한 사람들과의 관계에서 벗어나 다른 사람들과의 관계가 많아지고 사회성이 발달하는 시기이다. 2~3세는 음악에 맞춰 혼자 노래하고 놀이하는 것을 좋아했다면 4~5세는 다른 사람과 함께하고 싶어 한다. 음악교육을 할 때도 친구나 가족과 함께 중주나 합주 합창 등을 해주면 욕구도 충족된다. 또한 음악 활동을 하면 사회성도 좋아진다. 그리고 간단한 악기는 4세, 피아노는 6~7세(건반 조작은 만 3세 이후) 바이올린은 손가락 근육이 발달하는 5세가 연주를 시작하는 적당한 시기다. 하지만 지나치게 주입식 테크닉 교육은 아이의 창의력과 음악성 발달을 저하할 수 있다. 따라서 아이의 발달 속도와 인지능력을 고려해 신중하게 시작하길 권한다.

### 4) 아동기(7~11세) 구체적 조작기

아동기는 몸이 성장하는 시기이다. 스카몬의 '성장곡선 보고서'에 의하면 유아기는 머리, 아동기는 몸, 청소년기는 성이 자란다고 한다. 에너지가 밖으로 향하는 이 시기에는 다양한 문화 활동과 경험을 통해 많은 것을 흡수할 수 있도록 기회를 제공해 주면 좋다. 음악적으로는 기능적인 악기 교육을 시작하기에 적합한 시기이다. 또한 아이가 악기를 배우길 원하면 무조건 시키거나 경험할 기회를 마련해 주는 게 좋다. 학년이 올라갈수록 시간도 없지만 악기에 관심을 가지기 어렵기 때문이다. 음악성은 9세까지가 가장 활발하게 발달하니 그전에 시작하는 것이 좋다, 악기 교육을 받기 전에 악기를 선택하는 것은 아이와 충분히 의논하되, 특별히 선호하는 악기가 없다면 피아노를 먼저 배워 보기를 권한다.

## 5) 청소년기(12세 이후 아동기와 성인기 사이; 중고등학생, 대학생)

아동기에서 성년기로 가는 과도기로 혼란을 겪는 시기다. 청소년기에는 자아 정체성을 찾으려고 몸부림친다. 그런 과정에서 자녀는 부모를 힘들게 하고 반항도 한다. 음악적으로는 클래식 악기(피아노 바이올린, 플루트, 첼로 등)보다 실용 악기를(기타, 드럼, 보컬 등) 배우려는 청소년이 있다. 아이가 원하는 악기를 선택하는 게 좋다. 설령 바로 선택하지 못하더라도 잠깐씩 경험해 보고 취향에 맞는 걸로 선택하면 된다, 물론 충분한 연습 시간이 없을 수 있다. 실용 악기는 주 1회 레슨을 받아도 즐길만한 실력이 될 수 있다. 이미 배우는 중이거나 연주가 가능한 악기가 있다면 가늘고 길게 시간을 투자하길 바란다. 그리고 부모와 떨어져서 독립적으로 행동하고 싶은 시기다. 악기 연주로 즐겁게 혼자만의 시간을 가질 수 있을 것이다. 혹은 또래들과의 밴드나 오케스트라 활동을 권한다. 음악은 소속감과 결속감을 강화하는 건강한 도구이다. 음악으로 건강하게 소통하는 법을 익히길 바란다.

## 04 소박한 사명감으로, 낮은음자리표 선생님으로

어릴 때 악기는 어쩌다 배우게 된다. 나도 어쩌다 피아노 선생님이 되었다. 10대는 음악을 배우는 학생으로 살았다. 20대는 다양한 분야의 음악 분야를 경험하며 내게 맞는 분야를 찾는 시기였다. 30대는 결혼하고 아이를 키우며 겨우 명맥을 유지했다. 그리고 40대는 음악교육에 집중하며 열심히 일했다. 50대 이후 음악교육에 대한 소박한 사명감이 생겼다. 그 사명감은 현장에서 교육하는 음악 교사들에게 교육을 통해 지금까지 경험과 노하우를 전달하는 것이다. 내가 20대부터 40대를 거쳐 지금까지 고민해 온 음악교육에 관한 질문들. 이에 대한 답을 찾기 위해 다양하게 공부했다. 이들 중 꼭 필요한 부분만을 적절하게 교육하고 돕고 싶다.

누구나 음악교육의 중요성을 알고 악기 하나쯤 잘하고 싶어 한다. 하지만 당장의 현실적인 문제로 포기한다. 나는 아이들이 그런 고비가 와서 힘들 때마다 교육과 상담을 통해 극복할 수 있도록 돕고 싶다. 평생 꾸준히 배워서 악기 하나쯤 즐기기. 악기가 인생의 샵(#)이 될 수 있도록 돕고 싶다. 잘하는 아이도 잘 가르치고 싶고, 느린 아이들도 잘 가르치고 싶다. 보란 듯이 남들이 가르치기 어렵다는 아이들에게 악기를 친구로 만들어주고 싶다. 악기로 인생의 음표와 쉼표를 가르치고 알레그로(Allegro)도 경험하게 하여 멋진 소나타를 연주하도록 돕고 싶다.

# 6장 자기주도
## 너의 마음이 움직일 때까지

이숙희

## "마음 읽어 주는 해피 샘"

- 중앙대학교 교육대학원 석사학위 취득
- CBS 영재 학술원 수,과학 담당 강사
- CBS 영유아 통합 동심원 프로그램 연구원
- 아가월드 영유아 프로그램 연구원
- 사립 해피어린이집 시설장 역임
- 현 에이치 에듀 방과후 센타 15년째 운영 중

**진정한 자기주도 학습은 아이의 마음이 움직일 때 시작된다.**

"선생님 공부는 왜 해야 해요?"
"학원에서 나오는 숙제만 해도 다른 공부 할 시간은 없어요."
"잘하고 싶은데 집중도 안 되고 자꾸 하기 싫어져요."
"어디서부터 어떻게 해야 할지 모르겠어요."

내가 운영하는 방과 후 센터에 다니는 아이들이 자주 외치는 말들이다. 방과 후 센터에는 초등학생이 주로 많이 다닌다. 그들은 발달 특성상 실제적인 경험과 여러 가지 다양한 활동을 통해 정보를 내 것으로 만들고 좋은

아이의 잠재력을 깨우는
7가지 열쇠

습관과 긍정적인 태도를 키워야 한다. 나는 교육학을 전공하면서 누군가를 가르치고 학습자에게 체계적 지식을 전달하는 방법과 그 과정을 배우는 세계에 매료되었다. 인간이 잘 준비된 환경에 의해서 많은 변화가 생긴다는 사실이 교사가 되어 다른 사람의 삶에 변화를 이끄는 사람이 되어 보리라 결심하게 만들었다.

졸업하고 잘 가르치는 교사가 되기 위해 나는 부단히 노력했다. 당시에 유행하는 교수 방법 시연회, 새로운 교육프로그램 설명회 등을 쫓아다니며 나만의 교수법을 가지기 위해 노력했다. 비싼 교구를 직접 사기도 하고, 교육프로그램에 가입하여 프로그램을 정기적으로 받아 아이들 가르치는 현장에 적용하기도 했다. 내가 제시하는 방법과 프로그램에 따라서 학습자의 태도와 학습 속도가 빨라진다는 사실이 재밌었다. 가방에 늘 교재와 학습계획안을 가지고 다니며 실천한 방법을 기록하고 새로운 아이디어를 내고 적용해 보는 과정들에 시간 가는 줄 모르고 20대를 보냈다.

이런 노력 덕에 엄마들 사이에서는 수업 재미있게 끌어주는 교사로 아이들이 다시 듣고 싶은 수업으로 자리 잡아 학원에서 가장 인기 있는 강사로서 대우받기도 했다. 나는 이해력이 빠르고, 언어, 수리 능력이 또래보다 뛰어난 아이들의 잠재력을 금방 알아차렸고, 그들이 좀 더 호기심을 발휘하여 문제해결력을 키우게 하는데. 재미를 느꼈고 아이들도 수업을 굉장히 재밌어하며 따라주었다.

나의 적성과 흥미에 맞춰 일반 유치원 교사로서의 업무를 마무리하고, CBS 영재 학술원에서 수, 과학 쪽 강사로서 아이들을 가르치게 되었다. 영재 아이들은 나의 수업에 잘 따라왔으며, 그들이 가진 높은 인지 능력으로 더 많은 것을 습득하고 더 깊이 있게 학습하여 성과를 냈다. 영재 아이들을 가르친 경험을 토대로 CBS 산하 영유아대상 통합교육프로그램을 만드는 일에 참여하였으며, 일반 유치원이나 어린이집을 직접 방문하여 교수 방법을 강연하고 교사들에게 모델 수업을 해주는 등의 일을 6~7년 하게 되었다. 나에게 교수법을 배우는 교사들도 수업이 참 재미있고 유익하다며 교실 장면에서 빨리 적용하고 싶다고 했다. 나의 관심은 가르치는 일 즉 밖에서 안으로 잘 넣어 주는 것에 집중되어 있었다. 교육은 밖에서 미리 잘 계획하여 학습자의 머리에 잘 넣어 주면 된다는 생각이 확고했다.

대학원에서 교육학 석사를 마치고, 우연히 아파트 단지 내 관리소에서 원장으로 초등 전문 방과 후 센터를 운영하게 되었다. 이 운영을 통해 나는 자기주도학습, 아이들에게 진정 학습할 수 있게 하는 것이 무엇인지 고민하게 되었다. 방과 후 센터는 방과 후 돌봄, 학습 관리와 함께 영어, 수학, 국어(독서토론) 학습프로그램과 과목 강사들을 준비하여 아이들에게 종합적으로 가르치는 시스템으로 운영했다. 프로그램을 배정하는 것과 가르치는 일에는 자신감이 넘쳤던 나였기에 실컷 운영하면서 가르칠 수 있다고 자신했다.

그러나 생각보다 변수들이 많았다. 내가 만났던 영재 아이들처럼 인지적으로 많은 준비가 안 되어 있었고, 학습적으로 배우는 것을 떠나 태도에서 책상에 앉기 힘든 아이들도 있었다. 내가 준비한 수업을 이해하고 활동에 잘 참여하는 학생은 전체의 30~40% 정도만 차지하였다. 나는 반복적인 연습과 더 느린 속도로 진행하면 다 될 수 있을 거라 믿고 밀어붙였다. 의외로 부모님들의 반응은 좋았다. 아이들은 짧은 시간에 주어진 많은 과제를 해내는 것을 습관 들이기 시작했고, 힘들지만 해야 할 과제들로 받아들여 하루하루 소화해 나갔다. 방학에는 일주일에 한 번 체험학습(다양한 경험, 친구들과 놀이체험)도 준비하여 센터 운영에는 별문제가 없었다.

아이들은 1학년에 다니기 시작하여 5, 6학년이 되면 영수 전문학원으로 옮겼고 센터에서는 졸업의 개념으로 여겼다. 자기주도학습을 4~5년 연습했기에 단과학원을 다니면서 주체적으로 학습하고, 학습계획을 세워갈 수 있으리라 생각했다. 그러나 센터를 졸업한 친구들이 선생님들의 관리와 체크가 없어지면서 스스로 무엇을 어떻게 공부해야 하는지 몰라 1~2달을 헤맸다는 이야기를 전해 들었다. 무엇보다 센터에서 지정한 학습 과제와 교사가 짜 놓은 틀로 생활하면서 정서적으로 힘들어하는 아이들도 생기기 시작했다. 학습의 주체는 학생이라서 다니기 싫어하는 아이들이 많아졌다. 부모님들도 예전과 다르게 강압적인 태도보다는 아이들의 의견에 귀 기울였다. 2~3년 전부터 센터 운영도 예전처럼 쉽지 않게 되어 나에게 슬럼프가 찾아왔다. 내가 옳다고 믿었던 밖에서 잘 준비하여 아이들에게 넣어 주기만 하면 잘 따라오고 하다 보면 자기만의 학습 방법과 습관을 가질 수 있을 것이라는 생각이 틀릴 수 있었다. 내 교육관과 운영관 전체가 다 흔들리는 것 같았다.

나는 학습 대상자에 대한 진정한 연구가 부족했음을 알게 되었다, 내가 하고자 했던 자기주도 학습과는 거리가 먼 교육과정을 아이들에게 적용했을 수 있다는 반성이 일어났다. 많은 고민 끝에 학습, 의지, 생각의 변화를 일으키는 주체인 뇌 과학을 공부하기 시작했다. 아이들의 문제행동이나, 정서적인 불안정 등이 일어난 원인을 파악하는 데 도움이 되었다. 교육의 어원에서 말한 것처럼 교육은 안에서 즉 아이가 가진 잠재력을 끌어내는 것이고 그 끌어낸 것을 잘 다듬을 수 있도록 격려하고 방향을 찾아가도록 길잡이를 하는 것이 교사이고 부모라는 것을 다시 인지하게 되었다. 그렇다면 아이들의 소리에 아이들의 이야기에 귀를 기울여야 했고, 지시하는 대상이 아니라 의논하고 방법을 선택하게 해주어야 했다. 어른의 눈에 때론 무모해 보이기도 하고 답답해 보이긴 해도 기다려 주고 실패하더라도 격려해 주며 새로운 방법을 찾을 수 있게 지켜봐야 했다.

"선생님, 선생님이 있는 곳이 집중이 더 잘 돼요. 감시받고 있는 것 같지만 저에게 관심 가지고 계시잖아요?"
"제가 계획하고 약속한 것은 지키기가 쉬워요."
"저도 주의력과 집중력을 기르기 위한 훈련 꼭 하고 싶어요."
"오늘 계획한 것을 다하고 나면 엄청 뿌듯해요"
"제가 주말에 할 것을 계획해 볼게요."

아이들의 대화가 조금씩 이렇게 바뀌기를 간절히 바란다. 자기주도 학습에 대한 진정한 이해를 위해 더 공부하고 아이들에게 맞는 자기주도학습 도구들을 만들어내야 한다. 게임처럼 습관처럼 한 과제들과 경험들이 자기주도학습의 바탕이 되고 더 나아가 자신이 필요한 것을 스스로 선택하여 계획하고 실행하며 피드백을 통해 다음으로 나아갈 수 있는 어른들로 키우기 위해서 말이다.

자기주도 학습은 아이들이 다니고 있는 학교, 학원의 숙제를 혼자 하게 하는 것, 엄마나 교사가 정해 준 문제집이나 책등을 의무적으로 풀고 읽었는지 확인하고 매일 실천하게 하는 것이 아니다. 아이들이 혼자서 숙제나 주어진 과제들을 하면서 힘든 부분이 무엇인지, 어떤 방법이 가장 효율적인지, 어떤 방식을 계속 습득하게 할지를 찾아가게 하고 그것을 피드백해 주고 강화해 주는 것이다. 삶의 목표, 미래에 어떤 사람이 되고 싶은지를 끊임없이 찾게 도와주는 것이다. 사실 지금도 아이들에게 완전한 자기주도학습을 실천하고 있지는 않다. 그러나 생각은 예전과 많이 바뀌었다. 매일 아이들이 학교에서 있었던 일, 학교에서 배운 내용 중 이해가 잘 되고, 재미있었던 일들을 들어주고, 그때의 아이들 마음을 읽어 주고 공감해 준다. 함께 계획하고 실행하게 도와주고 피드백해 주는 일부터 시작해서 자기주도 학습을 연다. 자기 약점을 보완하기 위한 노력들이 게을러지지 않게 채찍질도 해주고 긍정적인 피드백도 주면서 아이들이 가지고 있는 잠재력이 언젠가 꽃을 피워 나갈 수 있으리라는 믿음을 갖게 해주기 위해 노력하고 있다.

"해피 원장샘! 해피 센터에 다닌 것이 참 많은 도움이 되었어요."
"해피샘!! 저 힘들 때 가끔 찾아와도 되죠?"
"해피샘, 제 편에서 이야기해 주셔서 감사해요."
"제 공부에 뭐가 문제였는지, 어떻게 해야 할지는 알겠어요. 다 하고 점검 받을게요."

이런 이야기들만 많이 나눌 그날이 오기를, 아이의 이런 마음들을 함께 부모님과 의논하며 가정에서도 연계하여 일어날 수 있게 되기까지 바란다. 많이 부족하고 완벽하진 않지만, 마음을 읽어주는 자기주도학습 선생님으로서의 이야기를 본격적으로 시작해 보려 한다.

# 01 수업 잘하는 교사

새 학년 새 학기가 시작되는 3월의 첫 월요일 설렘 반, 기대 반 뒤섞인 채 7살 아이들을 만났다. 준비한 교안과 교재교구들을 차례차례 꺼내며 아이들의 반응을 꼼꼼히 체크를 했다. "자, 이것은 무엇일까요? 이것은 어디서 보았나요? 이것은 OO이라고 해요."라며 떨리는 마음을 들키지 않기 위해 애를 쓰며 수업을 진행했다. 준비를 꼼꼼히 해서인지, 실전에 강한 나의 성향 때문인지 아이들은 내가 준비한 학습 순서대로 따라오며 재미있다는 듯 잘 수행했다. 순간 '역시 나는 교사가 체질인가 봐' 약간의 자신감이 차올랐다.

1~2명이 학습 과제를 따라 하지 않고 다른 친구들과 속도 면에서 차이가 남을 발견했다. 그러나 그것까지 챙길 마음의 여유는 없었다. 30분 정도 지난 뒤 먼저 다 끝낸 친구들은 기다리며 시끄럽게 하고, 아직 다 못한 친구들을 도와주다 보니, 교실은 처음의 차분했던 분위기와는 다르게 어수선해졌다. 시계를 보니 마칠 시간이 되어 오늘 배운 내용을 정리하며 마무리했다. 처음인데 이 정도는 잘한 거라는 마음으로 나를 다독였다.

참관한 선배 교사는 "수고하셨어요. 그런데 선생님! 저쪽 2명은 계속 딴짓하다가 겨우 시작하려고 할 때 수업이 끝난 걸 알고 계셨나요?"라고 물어봤다. 순간 질책인 듯해서 얼굴이 빨개졌으나, 선배 교사의 질투 섞인 표현이라고 생각하고 넘겼다. 이날은 대학을 졸업하고 아이들을 가르치는 교육자로서의 시작일이었다. 좋은 교사로서의 내 모습이 많이 기대됐다. 첫 수업의 기억은 만족 반, 아쉬움 반으로 끝이 나고, 집에서도 도서관에서도 아이들을 어떻게 내 수업에 매료시킬까? 무엇을 어떻게 잘 가르쳐 줄까? 학습 방법, 교구, 교재 등을 연구하며 찾아가는 일에 몰두했다.

수업이 잘 된 날 아이들의 반응이 "재미있어요." "이해가 잘 되어요." 할 때는 하늘을 날듯 기뻤으나, 그렇지 못한 날은 내 자존감도 바닥에 떨어지는 날들이 지속되었다. 단순 학습 교사 생활을 하는 1~2년 동안 나는 어떻게 재미있고 쉽게 수업을 구성해서 지식을 전달해 줄지가 내 교육 활동의 전부인 것이다.

학습 교사 생활을 거치고 수업 능력을 높게 평가해 준 원장 선생님의 소개로 CBS영재학습학술원의 강사 일을 시작했다. 아이들의 수 과학 쪽 영역을 담당하였다. 수업에 참여하는 아이들은 이미 지능지수, 창의력 테스트에서 상위 15% 안에 든 친구들이었다. 수업을 진행하면서 그들의 높은 인지, 창의적인 능력에 감탄할 때가 많았고 토탄, 체험, 실험 중심 학습 방식을 이용하다 보니, 이미 준비한 학습계획이 바뀌거나 심화 영역으로 넘어가서 더 준비해 와야 하는 상황 등이 생기기 시작했다.

수업 방식, 전문적인 지식이 아이들에게 어떻게 스며드는지 관찰할 수 있었다. 영재원 수업을 통해 교사가 준비하고 계획하는 것들이 학습자의 배경지식, 성향, 관심도에 의해서 얼마나 많이 달라질 수 있고, 그 결과 또한 무궁무진하게 발전할 수 있다는 사실을 알게 되었다. 학습 단계가 높아지면서 교육과정이 선행 중심 공부를 어린아이들에게 제시하고 있다는 생각에 이게 정말 사고력을 키워주고 잠재력을 키워주는 활동인가에 대한 회의감이

들었다. 지나친 경쟁과 결과에 집착하는 영재아 어머님들의 강압에 의해 정서적으로 힘들어하는 아이들을 보며 '이것이 내가 바라는 교육일까'라는 생각이 들어 하던 강사일을 정리하였다. 아이들에게 더 이상 무엇인가 줄 게 없다는 것에 대한 회의감이 강했는지도 모르겠다.

교사로서 잘하고 있다는 생각으로 살아온 4~5년간의 세월이 순간 허무하게도 느껴졌고, 부모님에게는 인기 있는 강사였지만, 나를 만난 아이들은 자기를 잘 이끌어준 교사로서, 어른으로서 기억해 줄까 하는 생각에 교사의 일을 접고 다른 일을 해야 하나 하는 갈등의 시간을 가졌다. 나는 CBS영재원 산하 교육프로그램을 제작하고 일반 어린이집이나 유치원 등에 프로그램을 소개하고 강연해 주는 회사원으로서의 삶을 살게 되었다.

실제 경험에서 나온 자료들이 있었기에 프로그램 만드는 팀에 실제적인 팁을 줄 수 있었고, 전국 방방곡곡 다니며 실제로 교실 장면에서 해 봤던 수업을 들을 교사들에게 전달하는 일에 매진했다. 교사분들은 정말 열심히 경청하며 들었고, 교실 장면에서 실천해 본 경험들을 토대로 긍정적인 피드백을 주기도 했다. 아이들을 직접 만나는 일은 아니었지만, 밖에서 안으로 교육지식을 넣어 주는 최적의 방법을 찾는 제2의 과정이었다. 프로그램이 보급된 뒤 어느 정도 지나서 프로그램을 적용해 본 원에서 조금씩 부정적인 피드백을 전달해 주었다.

"우리 지역의 아이들은 그 주제에 전혀 관심이 없었어요."
"과정대로 수업을 진행하려 했는데 완전 딴 방향으로 갔어요."
"분명 수업 시간에 다룬 내용이었는데 다음 시간에 물어보니 잘 이해하고 있지 않았어요."

아이의 잠재력을 깨우는
7가지 열쇠

아! 학습자가 처한 환경에 따라서, 또 그것을 전달하는 교사가 어떤 마인드와 교육관으로 학습을 전달하는 것에 따라 많은 것이 달라질 수 있음에 혼란스러움이 다가왔다. 그렇게 야심차게 준비한 교육프로그램이 이제 더 이상 원에서 원하지 않게 되자 그 프로그램을 만든 팀은 해체되었다 나는 아이든 어른들이든 잘 가르치는 데는 타고난 재능이 있다며 자아도취에 빠져있었기에 심한 슬럼프에 빠지게 되었고, 좀 더 공부할 필요가 있다고 생각하고, 대학원 석사 과정을 밟게 되었다. 대학원 공부에서 교수들이 전달해 주는 새로운 교육 패러다임에 대한 강연을 듣고 공부했으며, 유명한 교육 세미나를 쫓아다니며 다시 매진하는 시간을 가지게 되었다. 한 세미나에서 나의 인생에 터닝포인트를 할 원장님을 알게 되었다. 원장님은 교육받는 내내 "교육은 아이들에게 넣어 주는 것이 아니에요. 이미 그들은 답을 알고 있고, 잠재된 능력들을 제대로 된 방법으로 이끌어주는 것이 교사지요."라는 이야기를 강조하셨다.

왠지 원장님의 새로운 인식에 흥미가 느껴졌다. 대학원 공부에서 배운 프로젝트식 아이들의 내면에서 끌어내는 수업 등과 맞아 들어갔다. 원장님은 그 시기 우연히 100명 정도 받을 수 있는 사립어린이집을 인수하게 됐다. 아파트 단지 내 초등 방과 후 교실도 운영할 기회가 생겼다. 논문을 쓰던 나는 시간적 여유가 많아서 방과 후 교실을 운영해 달라는 제안을 별 고민 없이 수락하게 되었다.

## 02 세 번의 시행착오

　30대에 들어 우연히 시작된 초등 방과 후 교실 운영은 나에게는 새로운 도전이자 그동안 교사 중심의 가르치는 일에만 몰두했던 나에게 운영자, 관리자의 역할이 부여되었다. 내가 지금 글을 쓰고 자기주도학습 또는 자기 삶을 자신 있게 끌고 나갈 수 있는 하나의 행복한 사람을 키워내고 싶다고 목표로 전환한 첫걸음이었다. 교사로서의 경험만이 전부였던 나는 사실 자기주도학습센터에 대한 어떠한 계획도 없던 것이다.

　초등 1학년 10명 내외의 아이들이 내 처음 운영의 씨앗이 되었다. 맞벌이 부부를 대신하여 돌봄과 함께 학교의 과제나 영어, 수학, 독서와 같은 수업 활동을 구성하여 매일매일 실행하게 했다. 자기주도학습이 가진 진정한 의미도 알지 못했고, 학교에서도 지금처럼 방과 후 프로그램이 다양하게 준비되어 있지 않았다. 나는 영재교육을 하면서 배웠던 기술을 아이들에게 적용하였고, 매일매일 할 일을 정해주고, 다 마치면 놀이 활동이나 자유롭게 쉴 수 있는 식으로 커리큘럼을 짜서 하루하루 생활하게 하였다. 지금 생각해보면 좋다고, 효과가 있을 거라서 생각하는 교육프로그램의 나열이 방과 후의 프로그램이었다.

　아이들은 학교를 다녀오면 다시 공부해야 한다는 사실에 부담감을 가졌지만, 어린 학령기의 아이들이라 선생님의 정해진 틀 속에서 계획된 일들을 자연스럽게 받아들였다. 나는 아이들이 공부 습관을 잘 들이고 있다고 생각하며 학습프로그램 양을 조금씩 늘려갔다. 학습 습관 형성에 중점을 두고, 여러 가지 프로그램을 경험하며 해 내는 것이 나중 자기주도학습에 얼마나 도움이 되는지를 학부모와 아이들에게 강조하였다.

아이들의 반복적인 학습 습관 형성은 발전해 나갔고, 연습을 통해 일정하게 학습 능력도 키워지는 것이 보였다. 그러나 아무것도 주어지지 않는 날들은 "선생님, 이제 뭐 해요?", "다하면 쉬어도 돼요?"와 같은 질문이 자주 나왔다. 교사에게 받는 과제를 해나가는 것이 진짜 자기 주도인가?라는 반문이 들었으나 매일 매일 주어지는 일상에 나는 자기주도 학습을 다시 편성할 방법을 알지 못했다.

한 학기가 지나고 1년이 지나면서 학부모님의 입소문으로 센터에 입학하는 아이들의 수는 늘어나기 시작했고, 학년이 올라가도 계속 센터에 머무는 아이들이 많아졌다. 혼자 했던 교육을 여러 과목 선생님과 자기주도 학습을 관리하는 선생님을 채용하여 방과 후 교실은 100여 명이 다니는 교육센터의 모습을 갖춰 나가기 시작했다. 아이들의 부족함은 교사와 프로그램으로 메꿀 수 있다고 생각했고, 안 되는 아이들은 꾸짖거나 재촉하여 목표치를 다 해낼 수 있도록 하는 게 맞다고 생각했다. 나의 10여 년 간의 수업을 위한 노력과 경험이 성공이라는 이름으로 열매를 맺는 듯했다. 주변 사람들은 나를 열정이 많이 원장, 아이들의 실력을 끌어올려 주는 교사로서 칭찬했다. 센터가 있어서 부모님들은 직장생활 편하게 할 수 있다는 긍정적인 피드백을 들려주었다.

센터 운영이 나의 일상으로 들어와 매일 주어진 대로 그렇게 운영하고 있던 나는 처음으로 '내가 지금 무엇을 하고 있지? 이곳이 자기주도학습센터가 맞나?'하고 자문했다. 한 부모 가족의 자녀로서 이혼 후 두 딸을 다 케어하고 계신 어머니가 있었다. 어머니는 전문직에 종사하는 분답게 아이들을 누구보다 풍족하게 교육적 지지와 양육에 애쓰고 있었다. 두 자매는 엄마의 퇴근 시간에 맞춰서 센터에 가장 늦게까지 남는 날이 많았다. 가정에서 엄마가 학습을 도와줄 시간이 부족하니, 직접 아이들을 재촉하며 학습량을 다 채울 때까지 가정에 보내주지 않은 것이다.

첫째 딸은 제법 잘 따라왔다, 학교에서도 좋은 학습 습관과 독서습관으로 칭찬을 받았으며, 학교 시험에서 좋은 성적을 보여주었다. 아이가 가진 계획형의 특징과 완벽하게 센터 프로그램이 잘 들어맞아 선생님이 주신 과제들을 하나하나 잘 수행했다. 엄마의 만족도도 높았고 내 마음도 뿌듯했다. 그러나 둘째 딸은 좀 달랐다. 둘째는 주어진 틀 속에서 주어진 과제를 수행하는 것을 버거워했다. 센터 수업이 시작되거나 과제들을 하면서 "머리가 아파요. 선생님! 배가 아파요!"라고 자주 이야기하였고 손톱을 뜯는 불안 행동도 사주 보였다.

"00야! 머리가 계속 아프면 병원에 가서 한번 머리를 찍어보자! 만약 병원에서 아무 이상 없다고 하면 하기 싫은 꾀병이니 좀 참고 습관이 될 때까지 해야 하는 거야! 머리가 아픈 것은 네가 하기 싫어서 그런 거야?"
"00야 오늘은 이것만 하고 집에 가자. 어제도 다 못하고 집에 갔는데, 계속 배가 아프면 집에 가서 쉬자."
"00는 왜 이리 의지가 약하지? 언니에 비해 정말 적은 양인데도 전혀 하질 못하네."

"어머님, 휴가 한번 내서서 OO와 하루 놀아봐 주세요."

둘째를 관리하는 선생님과 나는 아이를 보며 한숨을 쉬거나 걱정의 눈빛으로 쳐다보는 날이 많았다. 아이는 정말 오기 싫어했지만, 엄마는 달리 해결할 방법을 금방 찾지는 못했고, 센터에서 하는 양을 줄여보기로 타협했다. 2년 정도 원을 다니며, 나와 어머니는 학습의 강도를 줄여보기도 하고, 쉬는 날들도 만들어 보는 등의 노력을 기울였으나 둘째의 증상이 별로 나아지지는 않았다. 아이와의 실랑이가 힘들었던 엄마와 나는 아이의 뜻에 따라서 센터를 그만두기로 결정했다. 둘째가 짐을 챙겨가던 날을 생생히 기억한다. 아이는 주뼛거리며 조심스럽게 나에게 다가와서는 "엄마가 이제 센터 그만 다녀도 된대요. 저 짐 다 챙겨도 돼요? 공부하기 싫으면 안 해도 된 대요. 엄마가요."

좀 미안해하는 듯한 표정과 함께 이제는 좀 편안해지겠다는 표정을 남기고 그렇게 그만두었다. '내가 너무 밀어붙였나? 그래도 강남에서 이 정도 공부하는 것은 아무것도 아닌데……. 아이가 의지가 약해서 그런 것일 거야. 10명 중 7명이 잘 한다면 이 방법은 틀린 게 아닐 거야.'라고 위안하며 아이를 그렇게 떠나보냈다. '진짜 자기주도 학습은 무엇일까? 아이들이 진짜 주도적으로 결정한 일이라면 좀 힘들어도 잘 해낼 수 있는 거 아닌가? 학습을 통해서 아이들에게 길러 주려는 것이 과연 무엇인가?'

내가 계획한 시스템에 문제가 있음은 인지했고 무엇인가 바뀌어야 한다는 생각이 조금씩 들었으나 어디서부터 손을 대야 할지 몰라 또 그렇게 하루하루 주어진 일상에서 스쳐 지나갔다. 원 운영에 있어서 커다란 타격이 없었기에 가능했던 것 같다. 학생 수가 많은 만큼 과목 교사, 자기주도학습 관리 교사의 수도 늘어났다. 원장이 자기주도 학습에 대한 정확한 철학을 가지고 시작한 것이 아니기에 교사, 아이들에게 어떻게 제시하고, 아이들의 수행에서 강조해야 할 것이 무엇인지? 다 못하거나, 늦게 하는 경우 교사가 어떻게 해야 할지 정확하게 제시하지 못했다. 그냥 선생님들이 알아서 잘해 주시되, 신청한 교재는 마치는 성과는 보여주어야 한다고 지시했다.

"ㅁㅁ야 빨리 해야지! 그것 다 했으면 다음에 이것 해야지!"
"오늘 시간 없어. 어서 끝내고 영어 도서관 가서 책 읽어야지!"
"친구들이랑 이야기할 시간이 어디 있니? 내일 학교 수행평가야. 그럼 이것 어서 풀고 선생님에게 점검받으렴."
"**는 너무 느려요. 어제도 못 하더니, 오늘도 다 못하고 집에 갈 거니?"
"**는 진짜 큰일이다."
"**는 친구들 놀 때 넌 놀지 말고 과제 다 끝내렴."

모두가 그렇게 하루하루 할 일들을 하고, 교사는 체크하고 추궁하고, 아이들의 이야기를 들어 줄 시간은 별로 없었다. 선생님들도 자신이 여기서 어떤 사람인지, 늘 아이들을 다그치는 사람이 최선인지 고민이라고 말했다.

"센터는 지옥이야."
"빨리 금요일이 왔으면 좋겠어."
"엄마가 일하지 않으면 나 여기를 다니지 않을 텐데."

아이들 사이에서 부정적인 말들이 조금씩 들리기 시작했다. 그러다가 센터도 2~3여 년의 코로나 시기를 맞이하게 되었다. 오전에 학교 온라인 학습까지 관리해 준다고 홍보하였기에 아이들 수는 센터를 연 이래 최고였다.

아이들은 아침부터 등원했다. 출근한 부모님들을 대신하여 학교에서 진행하는 온라인 학습도 센터 선생님들이 관리하며 아이들은 한 공간에서 많은 시간을 규칙, 틀, 해야 할 것들을 해 내는 일상들을 보내게 되었다. 코로나 시기였기에 바깥에서 할 수 있는 활동도, 체험 학습 등도 제시할 수 없었다. 마스크를 하루 종일 쓰며 친구들과 선생님과의 소통은 점점 더 사라지고 말았다. 분명 아이들은 너무 답답했으리라. 집에서 했다면 중간에 쉬기도 하고 자율성도 어느 정도 생길 텐데.

나는 분명히 센터 운영과 아이들 지도에 문제의식이 있었으나, 그동안의 시스템을 갑자기 바꾼다는 게 어려웠고, 선생님들을 일일이 다 교육해서 다르게 접근하는 것이 생각처럼 실행되지 않았다. 그런 일상에 다시 파문을 일어나게 한 사건이 2건 발행했다.

초등입학과 동시에 우리 원에 등원한 A\*\*는 유치원 때 엄마의 적극성으로 여러 가지 선행 학습의 경험이 있던 아이였다. 유명한 영재원에서 영재판별 검사를 통해서 상위 10%에 들어가는 정도의 똑똑한 친구였다. 어머니와 나는 아이가 센터 생활에 잘 적응하며, 자신의 영재성을 잘 키워 나갈 거라는 기대감으로 여러 과제를 제시했다. 과제들을 잘해 낼 것을 강조했다. 처음에는 곧잘 따라 오는 것처럼 보였고 또래 친구들보다 과제를 해 내는 속도 결과도 모두 좋았다. 한 학기가 지날 무렵 \*\*는 과제를 할 때 멍때리거나, 교사가 설명하는 것을 전혀 듣지 않는 듯한 태도를 자주 보여주었다. 공부하다가 자거나, 한 가지 활동을 끝내는데 1시간 이상의 시간을 사용했다. 자기에게 어른들이 별 반응이 없으니, \*\*는 코를 먹거나 간식을 너무 많이 먹어 토하거나, 대소변 실수를 하는 등의 퇴행 현상과 입으로 이상한 소리를 내는 틱 증상을 보이기 시작했다.

6장 자기주도

"**야 바지에 오줌을 싼 거니? 왜 화장실을 안 갔니?"
"너 일부러 스펠링을 다 거꾸로 쓴 거니?"
"**야 또 졸린 거니? 그럼 세수하고 오렴."
"**야 친구가 이상한 소리 내는 것 방해된대. 하기 싫으면 혼자 하지 말아라."

**는 담당 교사나 나에게 부정적인 이야기를 하루 종일 듣는 날이 많아졌다. 아이는 "언제 집에 갈 수 있어요? 엄마 안 와도 먼저 집에 가면 안 되나요?"라며 하원 시간을 기다렸고, 늘 불행한 얼굴로 집에 가는 날이 많았다. 어느 일요일 밤부터 센터에 등원하지 않겠다고 떼를 쓰거나 짜증을 많이 냈다고 했다. 그 어머니와 나는 이 아이가 하기 싫어서 꾀를 부린다고 생각했다. 머리가 좋기에 어른들이 어떻게 하면 안 하게 해줄지 알고 그러는 것이라고 여겨 아이의 신호는 계속 무시했다. 어머니는 가정에서도 아이가 센터에서 완성하지 못한 숙제를 다 할 때까지 혼내거나 늦게 재우면서까지 다 하고 자게 했다. 어머니와 나는 아이의 마음속 외침을 철저히 무시하고 있던 것이다. 당연히 아이의 증세는 호전되지 않았고 시도한 방법은 학습량을 줄여주거나 숙제나 공부의 방식을 조금 바꿔주는 것 정도가 다였다.

선생님과 엄마는 늘 **에게 "집중해서 할 것을 빨리 수행해 내자. 30분의 시간을 줄게."
"다하고 나면 바로 나가서 놀 거야."
"한쪽을 다 맞추면 한쪽은 패스해 줄 거야."
"네가 하고 싶은 숙제부터 먼저 하자. 하기 싫은 것은 선생님과 같이하자."
"다하면 네가 좋아하는 레고 맞추기, 만들기 활동 하게 할 거야."

아이의 잠재력을 깨우는
7가지 열쇠

\*\*는 바뀐 지도 방법에도 재미없다, 졸리다, 하기 싫다는 이야기를 자주 했다. \*\*의 그 총명하고 호기심 많았던 모습은 점점 사라지기 시작했다. 입학 초 또래보다 앞서가던 \*\*의 학습 능력은 계속 떨어져 갔고 진도 차이도 제법 벌어지기 시작했다. 다닌 지 10개월이 다 되어갈 무렵, 아이들 사이에서는

"\*\*는 더러워. 매일 할 것을 다 못해서 혼나."
"수업 시간에 잠만 자."

또래 친구들도 \*\*와 잘 놀려고 하지 않았고, 교실에 혼자 앉아서 멍때리거나 웃긴 상황이 아닌데도 계속 웃어서 선생님과 아이들이 놀란 날도 있었다. 겨울방학이 시작될 즘에 부모님은 소아정신과에 아이를 검진받게 하였고, 병원으로부터 소아 우울증 증세이며 학습 스트레스가 너무 많기에 지금의 과정을 모두 그만두라는 진단을 받았다고 했다. 그리고 아이는 다른 지역으로 이사를 했다. 아이의 부정적인 이미지를 지우기 위해 학교도 전학했다. 병원 진단 후 엄마는 센터에 보낸 것을 후회하셨고, 자기가 아이를 이렇게 만들었다며 울면서 후회하셨다. 나 또한 왜 그렇게 다그치기만 했는지, 아이는 계속 힘들다는 신호를 보냈는데 알아채지 못한 점이 자책이 되어 며칠을 잠도 못 자고 괴로워했다.

하나의 사례가 마음으로 다 정리되기도 전에 한 친구가 나를 바닥으로 떨어지게 만들었다.

○○는 누나를 따라 1학년 때부터 센터를 다니기 시작했다. 고집이 세고 자기중심적인 성향이 강한 남자아이였다. 머리는 똑똑하여 한번 학습한 것

은 거의 잊어버리지 않았고, 영어, 수학도 선행을 하고 온 상태에서 학습에서는 우월함을 보였다. 00의 자기중심적인 성향은 단체생활에서 친구들과 잦은 충돌을 일으켰다. 말로 해결하기보다는 아이들을 자꾸 때렸다. 사회적인 언어표현력이 낮았다. 학습 장면에서도 글씨를 아주 알아볼 수도 없게 쓰거나, 물건을 어디 두었는지 알 수 없어서 물건을 찾으러 다니는 일이 자주 반복되었다. 무엇보다 친구들과 하는 신체활동을 모두 거부하고 아무것도 하지 않은 채 멍하게 앉아 있는 경우가 많았다.

"00가 우리 아이를 계단에서 밀었나요?"
"00가 주먹으로 우리 아이 머리를 때렸어요."
"00야 왜 그랬니?"

교사가 타이르려 해도 00는 아무 말 하지 않거나 책상을 쾅쾅 내리쳤다. 어머님과 나는 문제 제기하는 부모님을 만나 사과드리기도 하고, 센터의 수업을 일대일로 바꾸기도 해보고 아이가 요청하기 전까지는 간섭하지 않기로 하고 센터 생활을 진행해 갔다.

○○의 엄마는 아이가 2학년이 되고 2개월이 지난 즈음, 학교 담임 선생님의 상담 요청을 받았다며 센터에서의 변화가 있었는지 물어봤다. 학교 담임 선생님과의 상담이 끝난 후 아이 엄마는 나와 면담을 원했다. ○○가 학교 수업 시간에 집중을 못 하고 자기가 하고 싶은 대로 행동하고, 시간이 바뀌었는데도 다음 활동으로 전환하지 못하고, 자기 뜻대로 되지 않으면 책상을 쾅쾅 친다거나, 아이들을 밀고 자제시키는 선생님께도 소리를 지르며 대든다고 했다. 무엇보다 이 증세가 1학년 때보다도 갈수록 심해진다고 했다.

담임 선생님은 학교 반 친구들이 ○○와 모둠을 하거나, 짝이 되기 싫어하고 또래에 비해서 정확한 언어표현력도 떨어지는 것 같다며 어머니가 직장을 그만두시고 아이가 정서적으로 돌봐야겠다 했다고 전해주었다. 그리고 끝에 방과 후에 센터 가는 아이 중 몇몇이 이런 비슷한 증상을 보이는 친구들이 있다고 들었다며, 담임 선생님이 "꼭 센터를 보내야 하시나요? 가정에서 아이가 편안하게 쉴 수 있게 누가 봐주실 분 없나요?"라고 말씀하셨다고 한다. 엄마는 우셨고 나를 믿고 센터 일정에 따르고 시간이 흐르면 좋아질 줄 믿었던 자신이 원망스럽다 했다. 그리고 센터 생활을 정리했다. 이야기를 듣는 순간, 나는 가슴이 쿵 내려앉았다, '어쩌면 다른 아이들도 이런 증상이 있거나, 현재 진행되고 있을 거야.' 이 두려운 마음은 바로 현실로 더 분명하게 나타났다. 몇 달간 신입생 상담이 없었고 3학년만 되면 센터를 그만두는 아이들이 많아지기 시작했다.

"이곳은 지옥이야."
"난 여기를 다음 달에 탈출할 거야."
"엄마가 내가 2학년이 되면 센터 끊어 준다고 했어."
"공부는 정말 지긋지긋해, 난 진짜 멍청한 가 봐."

부정적인 소리가 더욱 내 귀가에 송곳처럼 들리기 시작했고 그동안 업적이라고 생각한 것이 모래성이었다는 생각에 잠 못 드는 밤들이 많아졌다. 코로나 시기에 정점을 찍었던 학생 수는 반토막이 되었고, 더 이상 소개를 통해 상담이 들어오지도 않았다. 운영상 나는 매달 내는 관리비, 임대료, 교사 급여 등이 조금씩 버거워 지기 시작했다. 운영이 안 되는 것 보다 나를 더 힘들게 한 것은 내가 열심히 해온 일들에 대해서 부정당하는 사실 때문에 많이 괴롭고 일찍 손쓰지 않은 자신에게 화가 났다. 내 자존감도 바닥을 향하고 있었다. 누구보다 열정을 가지고 일해 왔고, 내가 만난 아이들이 자기주도 학습을 배워 모두 자기가 할 것을 잘 찾아서 간다는 좋은 결과 만들려고 그렇게 애를 무엇이 잘못된 것인지 알 수 없었지만, 적극적으로 변화하거나 접거나 둘 중 하나를 선택해야 함을 감지했다.

정신적인 스트레스는 몸으로 발현되어 감기로 3개월 이상 아팠고 온몸이 가려워서 잠조차 잘 잘 수 없었다. 폐에 이상이 없는 데도 심한 기침은 수업하기 힘들 정도였다. 소화가 잘되지 않아서 소화제를 계속 먹어야 음식을 먹을 수 있었다. 내 생애 최고를 찍어보았으니 이제 인생에서 내려갈 일만 남았다는 생각에 씁쓸했으며, 뭔가 철저히 준비하지 않은 채 시작된 일의 결과가 이제 나타난다고 생각하니 내가 사라지는 느낌에 하루하루가 너무 힘들었다.

아이의 잠재력을 깨우는
7가지 열쇠

# 03 네 마음을 읽어 줄게

**학습자의 입장에서 생각하기**

　육체적, 정신적으로 힘들어하다가 어느 주말 오후, 조카를 따라 우연히 성남 뇌훈련통합센터를 가게 되었다. '뇌통합? 뇌로 소통한다는 것인가? 소통하는 수학 그것이 무엇일까?' 궁금증과 호기심으로 뇌훈련통합센터로 갔다. 수학을 배우면서 뇌훈련이 같이 이루어지는 곳이었다. 무엇보다 지난 3개월 넘게 내 조카의 심하던 사춘기적인 반항 현상이 좀 줄어드는 원인이 뇌 훈련인 것 같다는 동생의 말에 센터장님을 만나 상담을 받아보고 싶었다. 상담 전 뇌파검사를 받았고 몇 분 후에 결과 분석과 함께 상담을 받았다.

　"몸이 엄청 안 좋으시네요. 어떻게 일을 하셨어요?"
　"여기 이 수치를 보시면 주의력이 엄청 낮아요. 이는 면역력이 엄청 떨어져 있을 때 나타나는 증상이며 무슨 일을 하든 화가 나셨을 거예요. 불안도 엄청 높고요."
　"너무 힘드셨겠어요? 다행인지 불행인지 집중력이 엄청 높네요. 이 놀라운 집중력으로 일도 하고 아이들도 지도하셨군요? 그러니 아프실 수밖에 없지요? 정말 괜찮으세요? 한가지 기능이 거의 되지 않은 상태에서 다른 기능이 그것을 해 내야 했으니, 얼마나 아프겠어요?"

한 마디 내뱉지도 않았는데 나의 힘듦을 알아주고, 원인을 5개의 뇌파(델타, 세타, 알파, 베타, 저베타)의 수치로 객관적인 수치로 설명해 주셨다. 무엇보다 나의 힘듦을 알아주셔서 그 감동에 두 볼에 눈물이 주르르 타고 내려왔다.

'그래 이거야. 정작 교육 대상인 학생을 들여다보지 않았어.'
'어떤 상태인지 무엇을 어려워하는지 어떻게 하고 싶은 것인지 물어보지 않고 내가 일방적으로 뭔가 주려고 했어.'
'나의 마음을 읽어 주고 온전히 내 지금의 상황을 이해받는 것만으로 이렇게 의지가 되는데 나는 그동안 왜 그렇게 내가 끌고 가려고만 했을까?'

센터장님과 한참 상담하는 순간에도 브레인센터의 학생들은 등원하여 무엇인가 오늘 할 것을 스스로 적고 1시간 정도의 뇌훈련을 했다. 뇌훈련이 끝나니 패드를 들고 가서 수학 동영상 강의를 들으면 필기하거나 문제를 풀었다. 4, 5학년 정도인 학생들의 학습 행동들에 적잖이 놀랐고, 누가 관여하지 않는 상황에서도 독서실 같은 조용한 분위기를 만들 수 있음에 놀랐다.

"선생님, 오늘은 비와 비율 문제 풀고 모르는 것은 적었다가 물어볼게요."
"그래, 식과 과정을 써 보고 어디가 막히는지 물어보렴."

아이들에게 어떤 것을 하라고 지시하는 것이 아니라 스스로 무엇을 해야 하는지 알고, 교사는 그 흐름에 맞춰 방향만 제시하고 있었다. 늘 칠판에 할 일이 빼곡히 적혀있는 우리 센터와 아이들이 등장하자마자 00야 오늘은 무엇 꼭 해야 한다고 외부에서 할 일들이 주어지는 상황과 너무나 다른 풍경이었다.

아이의 잠재력을 깨우는
7가지 열쇠

"센터장님, 어떻게 이게 가능한가요?"

"아이들이 집중을 못 하거나, 정서적으로 힘들거나, 공부하는 데도 성적이 오르지 않는 데는 다 원인이 있어요. 저는 그것이 학생들의 전전두엽 발달(뇌 영역의 발달)과 깊은 관계가 있다는 것을 알게 되었어요. 저도 처음부터 뇌 훈련의 효과를 믿은 것은 아니에요. 약 3년의 박사 과정 속에서 공부하고 뇌파검사와 뇌훈련이 주는 효과에 대해서 논문을 쓰면서 믿게 된 것이지요."

"저 뉴로 하모니라는 띠가 아이의 머리를 그렇게 만들어주나요?"

"아니요. 인간은 누구나 타고 나면서 아주 건강한 상태, 건강한 뇌를 가지고 있어요. 형태와 어떤 강점과 약점이 있는지는 모두 다르지만요. 저 훈련은 뉴로피드백 즉 나의 건강한 뇌파를 매개체를 통해 읽고 건강 상태를 수치로, 영상으로 보며 현재의 내 상태를 기초로 좋은 상태로 만들 수 있게 반복적으로 피드백을 하는 것이지요. 그것을 약간 게임처럼 만든 프로그램이고요."

"얼마 동안 하면 좋아지는 건가요?"

"사람마다 모두 달라요. 원장님도 이런 뇌 상태로 계속 지내시면 병으로 누워지내실 수 있어요. 좋은 머리를 타고 나셨는데 좀 더 좋은 곳에 사용할 수 있게 공부해 보세요. 보통 2년 반복 훈련하면 원래 우리가 타고난 뇌 상태로 조금씩 회복해 나갈 거예요."

"저희 센터 아이들은 수학이라는 과목을 배우기 전에 자신이 부족함을 먼저 알게 되고, 훈련을 통해 좋아질 수 있다는 믿음과 조금씩 주의력과 집중력, 정서적 안정이 되면서 학습도 자연스럽게 이어져요. 저는 수학이라는 과목으로 아이들을 만나지만 원장님은 아이들의 생활 전체를 다 관리하시니, 자기주도학습과 뇌 훈련을 잘 연결해 보시는 건 좋은 과제가 될 듯한데요."

"무엇보다 원장님 자신을 먼저 들여다보세요. 그리고 공부하고 확신이 들면 적용해 보세요."

더 이상 물러설 곳이 없고. 다른 돌파구를 찾아야 한다고 막연하게 찾아다니던 나는 그때 분명히 깨달았다. 뇌과학 공부, 진정한 자기주도학습, 아이들에 대한 처절한 이해. 인간이 스스로 고쳐나갈 수 있다는 믿음을 키워보자, 이런 다짐이 생기고 나니 마음속 깊은 곳에서 다시 몽글몽글 희망이라는 이름이 올라오는 듯했다.

나는 당장 뇌상담사, 뇌교육사 자격증을 따기 위한 공부를 조금씩 시작했다. 아이들에게 했던 빡빡한 스케줄과 지나치게 혼내고 체크하는 시스템은 아이들의 학습 뇌, 성장 뇌를 구성하는 데는 해가 될 수 있었음을 공부를 통해 확실히 알게 되었다. 센터장님과 여러 선생님과 함께 오전에 일어나서 함께 줌으로 뇌 훈련도 했다. 나는 뇌훈련 과정에서 오랫동안 알파파가 잡히지 않았고, 각성이 잘되지 않았다. 훈련이 지속되면서 분노와 불안의 감정이 누그러지기 시작했고 여러 일을 펼쳐 놓지만, 끝까지 마무리하지 못해, 정신없는 생활도 조금씩 안정을 찾기 시작했다.

2년 정도의 공부 과정을 통해 뇌교육사 자격증까지 획득한 나는 센터에서 몇몇 아이들을 대상으로 뇌 훈련을 실시했다. 아이들에게 뇌 훈련을 하면서 아이들의 마음, 현재 상태를 살펴보고 결과보다는 원인과 과정을 더 들여다보기 시작했다. 아이들은 처음 게임처럼 진행된다고 생각해서 즐겁게 시작하였으나, 점수가 안 나와서 흥미가 떨어지는 날이 있기도 하고 바로 좋아지지 않은 결과에 조바심이 나기도 해서 안 하려고 하는 날들도 있었다. 그러나 아이들은 나보다는 짧은 시간에 뇌파가 안정적으로 잡히는 것이 보였고, 아이들 스스로 집중력이 좀 생기는 것 같다며 공부하는 시간이 줄어드는 것 같다고 긍정적인 피드백을 해주었다. 아이들은 그렇게 자신이 좋게 잘 변화하리라는 희망을 놓지 않은 듯했다.

뇌과학 공부와 뇌 훈련 과정은 인간이 모두 같지 않다는 사실과 정서적인 해결이 뇌의 인지능력에 얼마나 영향을 끼치는지 알게 해주었다. 또한 아이들이 말하는 신호를 무시하지 않고 공감해 주고 해결하려는 노력을 보여줄 때 아이들은 자신의 방향을 더 잘 찾아간다는 사실 또한 깨닫게 해주었다. 인간은 모두, 특히 내가 만나는 어린이들은 모두 건강한 좋은 상태로 모양은 다르지만, 건강한 뇌와 마음의 상태로 잘 태어났다. 그러나 여러 가지 원인과 유전적인 요소로 발현이 잘되지 않으니 건강한 상태(각성할 때는 각성이 잘 되고, 쉴 때는 잘 쉬고, 다시 각성할 상황이 나오면 바로 변화할 수 있는 상태)로 훈련이나 습관 형성을 통해 돌아갈 수 있다는 내용은 내가 올바른 방법으로 아이들을 훈련하고, 아이들이 말하는 신호에 귀 기울여 자기주도학습을 이끌어준다면 분명히 스스로가 잘 찾아가리라는 믿음이 생겼다.

자기주도학습의 시작은 이렇게 아이의 내면과 아이의 현재 상태에서 시작해야 한다고 그리고 개별화가 강조되어야 한다는 사실을 교육 철학으로 두고 진정한 자기주도 학습은 외부에서 따 짜서 넣어주는 것이 아니라 전체 목표를 아이에 맞게 함께 구성하고 방법을 계속 나아가게 해주어야 한다는 사실이다.

"선생님, 저도 진짜 잘하고 싶어요. 그런데 집중이 잘 안돼요."
"저도 안 움직이고 싶은데 자꾸 바깥에 소리나 딴생각이 나요."
"속상한 일이 있으면 말해야 하는 데 화가 나거나 울음부터 나와요."
"뭘 먼저 공부해야 할지 모르겠어요."
"안 그러고 싶은데 공부하려고 하면 물도 먹고 싶고, 배도 고프고, 화장실도 갔다 오고 싶고 그래요."
"선생님이 설명하는 것이 잘 이해가 안 되고 너무 지루해요. 그래서 가만히 못 있겠어요."

자기주도학습에 대한 나의 기본 생각이 성립되자 아이들의 말들이 귀에 들리기 시작했다. '내가 이 아이들의 학습을 모두 내가 정한 목표까지 똑같은 시간 내에 다 끌고 갈 수는 없어.' 그러나 아이들의 말을 통해 마음이 보내는 신호에 반응해 주고, 잘하고자 하는 방향으로 도움을 주고 설계를 함께 해주며 그 과정을 함께 지켜보며 끌어줄 수 있는 선생님이 된다면 좋은 결과를 가져올 것이다.

## 04 자기주도학습을 되묻다

현재 센터의 학생 수는 작년 학생 수보다 반 정도만 남았다. 학년마다 센터를 떠나는 아이들이 늘어날수록 남은 아이들의 마음도 흔들리고 있다. 예전 같으면 또 다른 프로그램과 잘 가르치는 선생님을 채용하기 위해 애를 쓰며 불안해했을 것이다. 학생 수가 다시 많이 늘어나지 않을 수 있다. 센터의 규모도 점점 줄어들 것이다. 그러나 불안하지 않다. 소수라도 날 만나는 아이들이 자신에게 맞는 좋은 습관과 공부 계획을 세워 실제로 실천하면서 긍정적인 자존감을 형성한다면 초등학교 때 익혀야 할 기본적인 자기주도학습은 성공하는 것이다. 즉 공부 그릇(기본 학습력)을 구성하게 되는 것이다.

나는 즉시 18명 정도 고용된 직원들을 10명으로 정리하고, 프로그램을 간소화하였으며, 모든 학년에 매일 친구와 놀 수 있는 시간과 체육 활동 등을 주1-2회 넣어 아이들에게 제공하고, 큰 틀은 확립되어 있지만 아이들의 개별 특성과 달성도, 속도 등에 맞추어 커리큘럼을 짜 보려고 노력했다. 센터를 정리하는 과정이 쉽지는 않다. 때론 몸과 마음이 다 지쳐 그냥 다 놓고 싶은 순간이 많다. 경제적인 손실은 불안의 요소가 되어 조바심이 나기도 하고 예전으로 돌아가서 빨리 결과를 보고 싶은 욕심을 만들기도 한다.

나는 내 나이 50대의 행복에 대해 다시 생각한다. 어느 90대의 성공한 노인이 한 말이 생각난다. '최후에 웃는 자가 승자가 아니고, 많이 웃는 사람이 승자라고 인생을 살아보니 그렇더라구.' 이제 내가 만나는 아이들이 적은 수이고 해줄 수 있는 것이 적다고 해도 아이들이 자신의 마음을 읽고 이들이 잘 설 수 있게 도와주는 누군가를 만나 자기주도학습을 하고, 작은 성공을 자주 하고 긍정적인 피드백으로 자기 인생의 목표를 자연스럽게 찾아낸다면 그것으로 나는 자기주도학습의 큰 과정을 해놓는 것이라고 본다.

오늘날에는 새로운 학습의 중심인 학습자의 역량과 수준을 어떻게 향상할 것인가에 관심이 집중되고 있다. 지식 전달 중심의 학습은 AI 매체, 인터넷 강의 등을 통해 아이들이 손쉽게 만날 수 있다. 그러나 학습자의 이해 능력, 학습에 대한 태도, 선천적으로 타고나 기질 등은 모두 다르다. 자기주도학습을 지도하는 교사는 교수 방법의 효과성 측면의 접근보다 다소 느리더라도 학생 스스로 학습하는 힘을 가진 학습자를 만들어야 한다. 학생이 수업 목표와 공부 내용을 인지하고 수업을 받아들일 준비가 되어 있을 때 학습자가 수업의 주체인 자기주도학습 교육이 가능해진다. 과목마다 내가 하려고 하는 목표와 철학을 정확하게 정립하고 너무 큰 목표를 세워 아이들을 고생시키지 않으려 줄여나가고 있다. 무엇보다 나에게 오는 개인 아이들의 특징에 맞게 잘 적용해 보려고 노력하고 있다. 이런 변화들은 내부적으로 조금씩 일어나는 것이기에 금방 현실적으로 많은 변화와 기대를 갖기엔 시간이 필요해 보인다.

뇌 과학을 공부하면서 중요하게 알게 된 행복한 정서와 색다른 경험들은 집중력, 주의력과 각성하는 뇌 발달 영역에 영향을 긍정적으로 미쳐서 건강하고 똑똑한 뇌를 만드는 데 엄청난 기여한다는 것을 잊지 않을 것이다. 공부 그릇, 긍정의 마음 그릇, 건강한 신체가 앞으로 자기 주도로 살아가는 데 밑거름이 될 것이다. 아이들이 아직 어리기에 말로 다 표현하지 못하는 것을 여러 가지 검사 도구(뇌파 검사, 현재의 학습 정도 검사, 기질 검사, 정서 검사, 부모님의 성향)를 통해 파악하고 부모님 면담을 통해 가정에서도 함께 실천해 줄 것을 약속하면서 자기주도학습은 시작되어야 한다.

나는 자기주도학습의 단계를 크게 3단계 나누어 제시하고 있다. 자기주도학습 기초, 자기주도학습 코어, 자기주도학습 마스터 단계이다. 자기주도학습 기초는 일일 플래너를 잘 작성하는 것, 학교숙제, 학원에서 나온 숙제 미션을 꼼꼼하게 짧은 시간에 하는 것, 40분 이상 야외놀이를 실천하게 된다. 일일 플래너는 학교를 다녀와서 배운 내용 또는 학교생활에 대한 감정을 솔직하게 적기 -> 오늘의 학원 학습, 외부 일정 체크 -> 꼭 해야 할 숙제를 기록하고 순서를 정하기--> 실천하면 체크-> 센터에서 하원하기 전 오늘 배운 것 중 기억에 남는 것 적기-나 자신에게 칭찬 한마디 적기 순으로 기록한다. 자기주도학습 기초 단계에서는 고치고자 하는 행동 미션을 정해서 그것을 잘 지켜나갔을 때는 칭찬 도장이나 스티커로 피드백을 준다. 스톱워치가 모든 책상 위에 있어서 학습을 시작할 때는 스톱워치를 켜고 집중 시간을 기록하게 한다.

자기주도학습 코어 단계는 기초서의 플래너 작성하기, 주어진 과제 해내기, 수정하고 싶은 행동 고치기와 함께 매일 루틴을 만드는 루틴 미션을 함께 실천하는 단계이다. 루틴 미션을 설정한 뒤, 매일 일정한 시간에 해 내는 것이고, 일주일을 평가하고 일주일의 스케줄과 일정 등을 파악하여 요일별로 나누어 계획해 보고 실천하는 단계이다. 루틴 미션은 초등은 voca 20개씩 외우기, 영어 애니메이션 20분씩 보기, 연산 2장, 국어학습지 2~3장 하

기, 줄넘기 100개씩 하기 등 일정과 개별 특성에 맞게 실천하고 피드백을 받는다

자기주도학습 마스터 단계는 학원, 학교, 자격시험과 같은 특별한 시험을 대비하기 위한 전체 학습을 계획한다. 자기 학습에서 약점이 무엇인지 파악하여 루틴 미션과 더불어 개인 미션을 실천하는 단계입니다. 큰 시험에 대비해서 시험계획을 스스로 설계할 수 있으며, 자신이 어떤 과목과 어떤 공부 방법에 강점이 있고 약점이 있는지 알아차려서 진로에 대해 고민해 보는 단계이다.

자기주도학습에서 주는 숙제, 루틴, 개인 미션에 대해 자세히 살펴보면 다음과 같다. 숙제 미션은 학교 숙제와 학원 숙제를 말하며, 토트 타이머라는 앱을 사용하거나, 스톱워치로 정해진 시간에 과제를 집중하여 끝낼 수 있게 훈련한다. 주의력이 약한 친구들은 옆에서 어려워하는 부분이나, 오랜 붙들고 있는 부분에 대해 원인을 함께 이야기하여 해결할 수 있게 즉시 도움을 주어 성공의 경험을 자주 맛보게 한다. 대부분이 숙제 미션을 다하면 공부를 다 했다고 착각하는 경우가 있다. 이 생각을 깨 주지 않으면 절대 다음으로 혼자 나아갈 수 없고, 모든 과목을 학원에 의지해야지만 해결하는 청소년을 만들 수 있다. 루틴 미션은 아웃풋(output) 미션이다. 배운 것을 규칙적으로 외부로 표현하고 숙련시키는 과정이다.

아이마다 가짓수를 다르게 하고, 미션의 종류도 선택하게 해보게 한다. 뉴로하모니를 이용한 뇌 훈련도 루틴 미션으로 선정된다. 매일 책읽기 20분 이상, 심화 수학문제 5개 풀기, 영어책 20분 읽고 그림을 그리거나 1~2문장 기록하기 등을 아이들의 능력과 흥미에 따라서 선별하게 하고, 정한

루틴 미션은 아주 특별한 일이 없는 한 매일 규칙적으로 실행하게 한다. 이런 루틴 미션은 아이의 기초학습력과 끈기 있게 무엇인가를 해나가는 힘과 의지력을 키우게 한다. 한 가지 루틴 미션이 30분을 넘지 않게 구성한다.

개인 미션은 아이들의 약점이 보완되는 학습의 종류이다. 과목마다 가장 약한 부분을 아이와 협의로 선정하여 일주일에 할 횟수, 시간을 정해 놓고 실행한다. 현재 센터의 대부분은 자기주도학습 기초와 코어 단계를 연습하고 있으며 개인차에 따라 단계가 올라가는 데 시간이 걸리는 아이들이 있고 금방 탄력이 붙어서 다음 단계를 실천하는 친구들이 있다. 교사는 학생들의 계획이 구체적이고 현실적인지, 지킬 수 있는 확률이 높은지 매일 스스로 피드백하게 요청하며 수정 보완해 나가면서 자기 자신에 대한 이해를 높일 뿐 아니라 개선 방향을 탐색할 기회를 주어야 한다. 학습의 주체는 학생이다. 억지로 학습 과제와 지식을 퍼부어 줄 수는 있지만 자기 것으로 만들고 그것을 발판으로 다음으로 나가는 것은 학습자인 것이다.

자기주도학습에서 규칙적인 신체활동과 다양한 경험, 새로운 경험은 뇌 발달과 학습을 끌고 나가는 힘을 키우는데 필수 요소가 된다. 센터 교육과정 속에 아이들이 좋아하거나 지속적으로 할 수 있는 운동프로그램을 3회 이상 배정하여 건강한 몸과 아이들의 에너지가 발산할 기회를 준다. 운동은 학습하느라 썼던 뇌를 좀 쉬게 하기도 하고 뇌에 산소와 활기를 불어넣어 주기도 한다.

학교 재량 휴일이나 방학에는 박물관 학습하기, 친구들과 놀이 체험, 운동시설, 미술관, 체험관 등의 경험을 통해 매일 하는 것과는 다른 새로운 경험을 제공하여 뇌에 신선한 자극 주기를 실행하고 있다. 무엇보다 개인 플래너를 쓰면서 아이들이 학교에서 있었던 일, 속상했던 일, 불안했던 일, 잘 안되는 부분, 칭찬해 줄 부분에 대해 많은 이야기를 하게 된다. 자기주도 학습 관리 교사나 엄마는 이 과정에서 아이의 현재 마음 상태, 현재 걱정하는 요소, 힘들어하는 부분을 잘 파악할 수 있다. 교사는 이 피드백을 아이들의 관찰기록서에 어떻게 변화하는지 관찰하며 변화를 예의 주시해야 하고 과목을 담당하는 선생님과 학과목 선생님들과 소통해야 한다.

내가 만나는 아이들은 대개 공부와 계획 실천을 힘들어한다. 그러나 한 달, 두 달 반복되면 그냥 일상으로 받아들이고 다 하지 못했을 때 오히려 어색해한다. 아이들은 잘 해내고 어른들에게 칭찬받으면서 자신에 대해 긍정적인 마음을 갖게 된다. 실천을 통해 좋은 결과가 나왔을 때 다음 단계로 도전하고 싶어 한다. 그러면서 자연스럽게 자기 스스로 학습을 계획할 수 있게 되고 실행하며 꿈꿀 수 있게 된다. 어릴 때의 학습, 경험에 대한 부정적인 생각은 추후에 올 학습에 지대한 영향력을 끼친다.

"**야, 왜 수학 공부만 하려고 하면 못하겠단 말을 먼저 할까?"
"저 3학년 때 아빠랑 주말마다 수학을 했는데요. 진짜 싫었어요. 아빠가 생각 안 한다고 막 소리 질렀어요."
"지금 영어 선생님 정말 싫어요. 그래서 영어 공부하기 싫어요."
"단어 외우는 것 잘할 수 있으면서 왜 안 하려고 하니?"
"엄마가 7살 때부터 시켰는데요. 자꾸 틀린다고 10번씩 쓰고, 따라 하게 해서 하기 싫어요."
"저는 맨날 시간 내에 못 해요."

아이의 잠재력을 깨우는
7가지 열쇠

단어 외우기를 힘들어하고 하기를 거부하는 아이와 실갱이 끝에 원인을 찾아보니 7, 8세 때 엄마와 함께 단어 공부하면서 느꼈던 부정적인 경험이 영향을 주고 있었다. 수학 문제에 문장이 조금만 길어지면 생각하기 싫고 무조건 의존하려 한 아이도 추적해 보니, 아빠와의 수학 공부에 가졌던 부정적인 경험이 선생님이 힌트를 줘야 생각할 수 있다고 의존하게 만든 것이다. 그러니 앞에서 나열한 센터 생활에서 어려운 경험을 했던 아이들에게 나는 얼마나 잘못된 영향을 주었단 말인가? 지금 그 생각을 하면 너무 미안할 따름이다.

결과에 포커스를 맞추기보다는 원인을 알고 그 마음을 더 어루만져 주었어야 했다. 양을 줄여서 속도를 늦추어서 제시하며 격려했다면 결과가 달라졌을 수도 있었다. 센터의 규모를 줄이는 과정에서 몸과 맘이 많이 힘들었다. 자기주도학습에 대한 철학과 아이들과의 관계에 대해 정의를 내렸지만, 현실에서는 마음이 급할 때가 많다.

'내가 행복해야 해. 나는 오늘 어떤 좋을 일들로 하루를 만들까? 오늘은 누구 마음의 소리에 집중하고, 누구의 행동을 잘 관찰하여 이끌어줄까?' 거울을 보며 매일 물어본다. 나를 만나는 친구들이 어릴 때부터 별로 하고 싶지 않지만 해야 할 것들을 인지하고, 집중하여 실행해 내고 점검과 피드백을 통해 성찰하고 또 더 나아지는 경험을 통해 매일 성취감을 느꼈으면 한다.

매일 작은 성공의 경험을 통해 자기가 잘하는 것과 잘 안되는 것을 구별할 수 있으며, 자신의 꿈이나 진로에 대해서도 생각하며 행복한 성인으로 자기 주도적인 한 사람으로 살아 나가기를 늘 바라본다. 자기 주도 학습을 통해 성공한 경험들, 또 실패했지만 딛고 일어났던 경험, 누군가가 그 실패를 격려하며 함께 해결해 주었던 경험은 삶을 자기 주도적으로 살아가는데 밑거름이 분명 될 것이다. 자기주도학습을 다시 정의 내려 본다면 학습자, 교사, 학부모가 함께 학습자의 마음소리에 귀를 기울이고 그 흐름에 맞게 제시하고 지지해 준다면 모두가 매 순간 행복하게 살아갈 수 있으리라 믿는다.

# 7장 두뇌

## 뇌파 찍는 여자

이서아

# "우리 아이 지친 두뇌, 뉴로피드백 훈련"

- 파낙토스 뇌센터 성남판교 원장
- 파낙토스 학습연구팀 교수위원
- 파낙토스 브레인 PD 자격
- 브레인 컬러연구소 대표
- 홍익대학교 색채학 박사
- 정신과학연구소 교수 겸 두뇌교육사
- 한국메디컬 병원 뉴로&C센터장
- 컬러리스트 자격 검정위원

## 제자들아, 보고 있느냐?

유독 제자 운이 좋았던 수학 선생으로 20년을 넘게 살았다. 청출어람을 아이들에게 배운 선생이라니. 나는 임용고시를 보지 않았음을 후회해 본 적이 없었다. 내가 가르치는 아이들이 너무 소중해 다른 곳으로 시선이 향하지 않았다. 그때 아이들에게 쌤이 너희들에게 보험을 들고 있다고 얘기했었다. 나중에 너희가 모두 잘 될 테니까, 연금 대신 너희에게 투자할 것이라

아이의 잠재력을 깨우는
7가지 열쇠

고. 물론 세상의 쓴맛을 여러 차례 겪고, 얼마 전 초등학교 퇴임 후 연금을 받을 친구 부부의 매월 연금 가액을 얼추 듣기 전까지는……. 하하! 그랬다.

성적 또한 우수한 아이들이 많았다. 이름 따라간다고. '0상위 1%를 유지하고 부족한 1%를 채워주는'이라는 슬로건을 단 수학학원이었다. 그러다 보니 각 학교의 전교 10등 안에 있는 친구들이 포진되어 있었다. 어쨌든 그 치열했던 입시에서 70~80%의 합격률을 유지하며 나름 선방하는 곳이었으니 영재라 불리는 아이들을 참 많이도 가르쳤다.

시험이 어지간히 어려워도 내가 맡은 팀들은 거의 지필평가 100점이었다. 한 명이 실수로 70~80점을 맞는다 해도 학원이나 나의 입지는 전혀 흔들릴 일이 없었다. 심지어 한 명이 전교 1등이 아니면 다른 아이가 전교 1등이었다. 시험 달은 매번 전교 1등들의 떡을 먹었다. 경쟁이 너무 치열했던 시기였다. 그러니 당시 학부모님들이 추앙해 마지않는? 잘 보여야 하는 수학 선생이자 원장이었으리라. 그 힘들다던 의대? 의대에는 분야별로 제자들이 있고, 법대며 약대, 교대 등등 국내외 대학에 나의 제자들이 달리고 있다. 이만하면 보험 든 게 맞는 것도 같은데?

# 01 뉴로피드백과 영재프로그램

**뇌과학 도장깨기**

　충분히 의미가 있다. 훌륭하고 소중한 제자들을 키웠다. 그렇게 쭉쭉 뻗어간 아이들이 확률적으로는 많았으나 천생 선생이라 넘어지고 엎어진 아이들은 늘 더 마음이 쓰였다. 수능 1교시에 멘탈이 흔들려서 입시에 실패하고 무기력해진 아이, 원하는 학교에 들어갔어도 자퇴하는 아이, 기숙사에서 탈출하는 아이, 무언가 잘못된 게 아닌가 생각하기 시작했다. 그동안 영재를 키우는 데 일조했다고 여겼다. 적어도 영재를 키우는 게 인재를 키우는 일이라 자부해 왔다.

　하지만 부모의 의지와 선생의 의지로 길러진 아이는 목표가 이뤄지지 않았을 때, 혹은 목표를 다 이뤘다고 생각했을 때도 언제 무너질지 모르는 위태로운 모래성과 같은 느낌이었다. 가장 두려운 건 아이 스스로가 자신의 삶을 한 번도 치열하게 고민해 보지 않았다는 것이다. 기껏해야 너는 이러이러한 것을 해야 해. 그래서 여기 다닐래? 저기 다닐래? 정도의 선택지를 들이밀었을 테니 말이다.

나는 실수를 두려워하고 넘어지지 않는 방법을 치열하게 가르쳤다. 일어나는 법을 가르쳐야 했는데 말이다. 몇 번이고 털어내고 다시 살아내는 연습을 해도 힘든 세상이다.

**매너리즘, 그렇다. 매너리즘이 왔다.**

모든 일이 안 좋은 상황으로 흘러가는 것처럼 느껴지던 내 삶의 암흑기에 나는 이제 이 어두운 동굴을 지나면 그만 가르치리라. 지금 가르치는 아이들에 대한 책임까지만 지자. 누군가를 가르치는 건 이제 그만하자 했다. 수학 선생을 버리려 학습과 전혀 무관한 색채전공을 선택해서 대학원에 들어갔다. 결론은 난 선생이라는 직업을 버릴 수가 없었다. 그렇게 또 모든 상황이 누군가를 가르치는 일에 몰두하게 했다. 다만 과거를 답습하는 어리석음은 피할 수 있었다.

대학원에서는 색이 인체에 미치는 영향을 연구했다. 어떤 색이 어떤 상황에서 어떤 사람에게 스트레스 완화에 도움이 되는지, 긴장되고 집중이 되는지 연구하기 시작했다. 특히 아이들 성향에 맞는 색이 학습 상황에 효과적인지 예전 연구 결과를 탐색하였다. 기존 연구 결과에 과학적 실증을 하면서 수학의 답을 구하던 습관이 발동했다. 좀 더 확실한 근거나 답이 필요했다. 그래서 뇌에서 일어나는 반응을 살펴보고 싶었다. 기존 연구의 고찰과 연구를 위한 과학적 실증을 위해 찍기 시작한 뇌파검사가 그 시작점이 되었다. 뇌파를 찍으니 현재 뇌의 상태를 알 수 있었다. 현재 뇌의 기능과 자기조절 상태가 학습 정서를 올려주는 중요한 단서가 되어줬다.

## 최상위권 학생들은 무엇이 다를까?

최상위권 학생들의 공통점이 발견되었는데 그것은 바로 뇌'이다. 즉, 머리가 좋은 아이일수록 공부를 잘하고 그렇지 않은 아이일수록 공부를 못 한다는 것이다. 모두 알고 있다고? 그렇다면 머리가 좋으면 무조건 공부를 잘할 수 있을까? 우리나라는 아직도 지능검사 하면 IQ 테스트를 떠올리는 사람이 많다. 뇌기능검사 BQ테스트를 통하면 EQ(감성지수), SQ(사회성지수), CQ(창의성지수)등 다양한 검사 항목이 있다. 검사 후 맞춤형 뉴로피드백 집중력 훈련도 가능하다.

인터뷰 문의가 들어왔다. 성남의 분당 판교에 있는 뉴로 학습센터의 운영 시스템을 궁금해했다. 뇌파를 찍고 원인을 분석하여 학습에 적용하여 운영하는 학원 시스템의 거의 첫 주자로 나선 자리였다. "성남 판교 통합 뇌센터에는 유독 공부 잘하는 아이들이 많다던데 비결이 뭔가요?" 인터뷰어의 질문에 장황한 과거 일화들을 나열하며, 성남 판교에서는 이제 안정된 영재를 키운다고 대답했다. 대답하면서 깨달은 것 같다. 여러 아이의 사례를 설명하다 보니 뭔가 달라도 다른 아이들이 설명 속에 있었다. 넘어질 것을 두려워하는 대신 넘어져도 일어날 수 있는 아이들이 우리 센터에 있었다. 이미 시작되고 있었다. 안정된 영재 만들기 프로젝트가. 안정된 정서의 아이들이 학업성취도가 높다고 알려져 있다.

미국 하버드 대학 연구 결과에 따르면 공감 능력이 높고 정서가 안정된 아이들이 창의성과 학습 능력이 뛰어나다고 발표하기도 했다. 미래의 리더들에게 강력히 요구되는 도덕성 사회성 훌륭한 조직 문화로 발달이 가능한 협력을 통해 문제를 해결해 나갈 수 있는 능력을 기르는 것이 요구된다.

아이의 잠재력을 깨우는
7가지 열쇠

하지만 코로나를 겪어 내는 과정에서 우리 사회는 타인과 접촉이 예전보다 줄어들어 사회성 만들기가 부족해졌으며 스트레스에 대처하는 능력이 떨어졌다는 연구가 있다. 안정된 정서를 잡아 주어야 하는데 우리 사회의 부모들도 이런 세대를 처음 겪어 내는 중이라 어떻게 아이의 정서를 잡아주어야 하는지 혼란스러울 것이다. 그래서 안정된 영재 만들기는 현시점에서 너무 어려운 과제로 여겨질 수도 있다. 하지만 뇌 구조를 바꿀 수 있다면 어려운 이야기가 아니다. 뇌도 근육과 같아서 스트레칭을 잘 시켜주고 근육을 만들어준다면 튼튼한 뇌로 만들어 갈 수 있다. 흔히 이야기한다. 쉴 때 쉬고 일할 때 일하라고 한다. 맞는 이야기이다. 뇌도 마찬가지이다. 쉴 때 쉬고 공부할 때 최대한 효과를 내는 안정된 뇌를 만들어주면 된다.

그걸 누가 모르나 싶으시다면, 앞서 우리는 뇌파를 찍어서 뇌의 현 상태를 파악한다고 했다. 정상적인 뇌파와 비정상적인 뇌파를 확인하여 비정상적인 뇌파를 약화하고 정상적인 뇌파를 강화한다. 즉, 쉴 때 쉬는 뇌파를 강화하고, 일해야 하는 상황의 뇌파는 더욱더 각성하고 집중할 수 있도록 강화한다. 그러면서 감정을 담당하는 뇌의 영역을 자극하여 정서 완화 및 스트레스 완화를 돕는다. 요즘 핫한 뇌가소성에 대한 연구가 활발해지면서 개인적으로 몹시 반가웠다. 뇌가소성이란 쉽게 말해 한번 생성된 신경망은 쓰면 쓸수록 발달하고, 쓰지 않는 신경망들은 약화 되고 종국에는 사라진다는 이론이다. 뇌교육사 자격증 강의 서두에 내가 항상 강조하는 말은 뇌는 평생 발달한다는 것이다. 뇌를 쓰는 영역은 계속 발달하고 쓰지 않는 영역은 약화 되어 사라질 수 있다. 그래서 학습할 수 있는 뇌를 만드는 데 뇌 가소성 이론은 너무나 중요하다.

특히, 안정된 영재를 만드는 방법 중 하나가 학습 정서와 학습 효능이 있는 뇌를 만드는 것인데 뉴로피드백 훈련을 추천하는 것이 이러한 이유이다. 뉴로피드백 훈련과 학습으로 의대 입학의 성공 사례가 종종 보도되었을 정도로 뉴로피드백 학습은 뇌의 기능을 개선하는 데 효과적이기 때문이다.

게다가 뉴로피드백 훈련은 사회성과 공감 능력을 키워주는 데에도 효과가 있다. 불안과 강박을 완화 시켜주고 스트레스를 줄일 수 있기 때문이다. 뉴로피드백 훈련을 통해 뇌가 잘 작동하면 생각이 더 빨리 이루어지므로 효율적인 학습을 할 수 있다. 스트레스 해소뿐 아니라 공감 능력과 공동체 의식, 사회성 발달에 도움이 된다. 이러한 뇌 기능 구조의 변화가 안정된 영재로 이끌 수 있다.

## 02 1등을 움직이는 진짜 파워

마스크 착용 의무가 해제되었다. 汎유행 상황이 종식된 것인가? 비대면 온라인 대체 업무와 학습 전환에 따른 지난 4년은 많은 것을 바꾸어 놓았다. 10년이면 강산이 변한다는 말도 옛말, 하루에도 강산이 변한다는 급변하는 시대에서의 4년. 전 세계적 공포와 트라우마였으므로 전 세계인이 나름의 외상 후 스트레스를 겪고 있을 수밖에. 색채학 박사이자 20여 년간 교육 전문가로 활동하고 주목한 것이 뉴로하모니 뉴로피드백이다.

"우리 아이가 의대를 가려고 하는데 의대를 가려면 여기서 브레인 훈련해야 한다면서요?"라며 센터를 방문한 학부모님.

"SKY 가게 만들어 주실 거죠?"
"우리 애가 목표하는 고등학교가 있어서."라며 찾아오시는 곳.

팬데믹 상황에서 학습자 중심 교육의 중요성이 높아질 것을 인식하고 주의 집중을 높이고 스트레스 완화를 돕는 연구에 집중하였다. 다양한 방법의 연구로 학습 시에 시청각을 활용한 뉴로피드백 훈련이 주의 집중에 탁월한 효과가 되는 것을 이용하여 학습 효율을 높였다.

색채 전문가로 색 자극이 인체에 미치는 영향을 알고 있는 것도 도움이 되었다. 학습과 스트레스에 도움을 주는 색채교육을 활용해 정서 순화 및 스트레스 완화를 극대화하는 임상으로 많은 성과를 낸 바 또한 인정받았다. 유독 안정된 영재들을 많이 만날 수 있는 것은 너무나 감사한 일이다. 그러나 요즘 반문한다.

의대를 보내고, 그 다음은요?
SKY 그럼요. 가면 되지요. 그러고 나서요?
좋은 직업에 취업, 그리고 그 다음은?

운이 좋아 수많은 훌륭한 제자들과 함께 했기에, 소중한 제자들의 최종 목표에 대해 누구보다 고민했다. 단군 이래 가장 독립적이고 개별적인 환경이 주어져 사회로부터 더욱더 개인적이고 고립될 수 있는 여지가 많은 세대이다. 따라서 우리 아이들이 그 다음에도 잘 살 수 있게 해야 한다. 험한 세상 모든 내 외상 스트레스에 대처할 힘, 즉 나의 행복을 잘 꾸릴 수 있는 올바른 정서와 지성과 감성이 골고루 균형이 잡혔는지가 중요하다.

그래서 뇌의 기능과 힘을 키워주는 뇌훈련을 솔루션으로 제안한다. 색채학 박사로 퍼스널을 넘어선 INDIVIDUAL(개인별)컬러를 제안해 학습환경에 적용하여 정서적 안정을 꾀한다. 활동범위를 확장하여 병원에서 컬러테라피를 활용한 뉴로피드백 훈련으로 환자들을 돕는 것도 같은 맥락의 행보다.

'이곳에서 안정된 영재를 만들어 준다면서요?'

아이의 잠재력을 깨우는
7가지 열쇠

'안정된 영재'는 오히려 요즘 자주 듣는 말이 되었다. 코로나 이후 또 다른 다양한 상황이 일어난다 해도 대체 가능한 것은 학습자 중심 교육 방법일 것이므로. 그들의 학습 동기와 학습 정서로 효율을 높이게 하는 것이 진정한 영재 만들기이며, 그것이 가능하게 하는 것은 뇌를 만드는 것이 가장 강력한 도구일 것이다.

성남판교 뉴로학습센터를 운영하면서 생각하곤 한다. 이 아이들은 왜 이렇게 쉽게 공부하는 것 같지? 불과 몇 년 전 목 놓아 부르짖었던 개념 확인과 심화학습이 아이들이 개념을 정리해서 설명하는 것을 들으면, 우와, 하는 감탄이 나올 때가 많다. 나는 익숙해졌는데 다른 수학 원장님들이 와서 이게 뭔가 한다. 초등학교 6학년이 고등학교 개념을 술술 이야기한다. 그렇다고 수학 선생인 내가 아이들에게 주입하는 것이 없는데 방향만 잡고 포인트만 짚어주는데 그다음 풀어오는 식의 전개와 정답을 보시고 또 놀란다. 학습에 방해가 안 되고 아이들만 괜찮다 하면 흔쾌히 누구든 참관하시라 한다. 다른 수학학원 원장님이 아이들에게 물어보셨다. 너희는 어떻게 그리 쉽게 수학을 하니? 엄청 열심히 하는데 한편으로는 너무 편해 보인다고 말씀하면 나는 으쓱하면서 답을 드린다. 이 아이들이 안정된 수업 정서를 가진 아이들이라고.

안정된 영재들을 보고 계시는 중이라고. 그렇다! 이 아이들은 어느새 수학뿐 아니라 모든 과목에서 두각을 나타내고 있다. 정서가 좋으니 친구 관계도 좋고, 내성적이었던 성격들이 배려와 자신감이 함께 얹어져 작게든 크게든 리더의 역할을 해내고 있다.

얼마 전 겨울방학에 미국의 버지니아 주립 대학 병원 관계자들이 뉴로피드백을 학습에 어떻게 접목하고 있는지 궁금하다며 성남판교통합뇌센터인 뉴로학습센터에 견학을 왔다. 오후 3시쯤이었다. 역시 아이들의 학습 태도와 집중력에 감탄하며 이러저러한 것을 쉬는 시간 아이들에게 질문하였다. 뇌가 안정되면 글씨가 달라지는 것을 아는가? 아이들이 개념 정리한 노트를 가지고 와 나와 토론하는 것을 보고 다들 놀라워하신다. 토론 내용도 놀랍지만, 마지막으로 거기에 인쇄소에서 찍어낸 듯한 글씨체들. 대부분 아이의 글씨가 그렇게 반듯반듯 대부분인 것을 보고 또 감동한다. 그럼 나는 또 뿌듯해서 당연한 거 아니냐는 미소를 머금는다.

결정타가 있었다. 이야기 도중 4시가 다 되어 가는 지금 저렇게 열심히 집중하며 공부하는 친구들은 오전 9시부터 온 친구들이라고? 그것도 수학이라는 과목을? 저렇게 주도적으로? 그 순간 다들 한 대 맞은 표정이었다. 언제나처럼 나는 당연한 거 아닌가요? 라는 표정을 짓고 있었다. 전에 홍콩과 중국에서 견학 왔을 때 국외에서도 놀라운 일이구나, 하는 느낌을 받았기에. 이제 뭐 익숙해졌다. 아이들이 뇌 훈련을 통하여 자기 뇌 구조를 바꾼 것일 텐데. 마치 내가 그 모든 것을 해낸 것처럼. 올림피아드에 우리 아이들이 전 수상을 휩쓴 느낌 이상으로 보람을 느꼈다.

**1년 내내 전교 1등을 한 아이가 있다.**

아니 3년 내내였을 거다. 1학년은 점수가 안 나오니, 2학년은 그럴 수도 있지, 코로나를 겪으며 시험문제 난이도가 쉬워져서? 라며 3년을 내내 알면서도 실제 밖으로 '전교 1등을 했어요'라고 아이도 부모도 선생인 나도 얘기한 적이 없었다. 엄청 조용히 격려하고 응원하고 믿어주는 것으로 칭찬을 대신했다.

고등학교 2학년인 지금도 그 어렵기로 유명한 학교의 시험에 자신만의 페이스로 임하고 있다. 고등학교 1학년 통틀어 수학 전교 1등이라는 소식을 얼마 전 무심한 듯 전해주는 아이다. 원래 잘하던 아이가 아니었냐고 반문할 수 있을 듯하여 부연 설명을 해보자면, 초등학교 5학년을 지나가는 겨울 누구보다 예민하고 자신보다 주변을 더 보는 것으로 염려가 되었던 친구였다. 이로 인해 본인도 모르는 스트레스와 주변의 걱정으로 정서 안정을 위해 뇌 훈련을 시켰다. 요즘 학습 정서를 위해 통상하는 뉴로피드백 뇌훈련이다.

하지만 불과 4~5년 전에는 문제가 보여야 시키는 분위기였다. 앞서가거나 깨어있는 혹은 부모의 유학 시절에 고위층이나 부유한 아이들 사이에서 뇌를 훈련한다는 이야기나 실물을 잠시 본 학부모들이 간혹 있을 뿐이었다. 하지만 나는 거의 모든 아이에게 접목하려 집중력 훈련과 주의력과 기억력을 높이는 훈련을 시켰다.

이 아이도 예외는 아니었다. 내가 접한 논문과 실험 결과들이 하나같이 같은 이야기를 하고 있었기 때문이다. 그럼에도 조심성 많고 의심도 많으며 아이들이 세상 귀하고 어려운 선생이기에 가는 길은 좀 더디었지만, 누구보다 임상이 많아졌다는 큰 소득이 있었다고 생각한다. 거기에 타인에게 잣대를 두지 않고 자신의 길을 묵묵히 가면서 전교 2등이 누군지 관심이 없는 것을 보고 너무나 기특하고 대견하고 고마울 수밖에 없다. 주변의 친구를 경쟁자로 생각하지 않고 도움을 주고 운동도 게을리하지 않는 자기관리를 하는 아이가 자랑스럽다. 의대를 가고도 남을 성적일 수도 있는데 자기가 하고 싶은 일을 고집하는 게 부모나 선생의 입장에서는 조금 아쉬운 부분이랄까?.

그러고 보니 우리 아이들의 고유 특성인가 싶다. 다들 꿈이 정해지면 성적이 남아도 그 길을 간다. 아등바등 성적에 맞춰 조금 더 높은 학교나 유망 학과에 가려 했던 예전의 아이들과 사뭇 다르다. 가고자 하는 길을 간 아이들의 뒷모습. 성남판교의 영재 아이들은 정서가 안정된 영재들이다. 뇌 훈련은 정서가 안정된 영재를 돕는다. 100점을 맞든 1등을 하든 실수를 하든 안정된 영재들은 다르다. 상황을 받아들이는 태도가 다르니 다시 오뚝이처럼 일어나는 힘이 다르다.

우리 기성세대가 일선에서 사라지면 그 아이들이 이 험한 세상에서 우뚝 서야 한다. 풍파에서도 더 성장하여 우뚝 일어날 수 있는 힘을 키워주는 것이 기성세대의 몫이라고 생각한다. 다칠까 상처 입을까, 지나친 걱정은 금물이다. 장애물을 언제까지 치워줄 수 있을 것인가? 그래서 정서가 안정된 스트레스 대처에 강한 우리 아이들에게 항상 이야기한다. 너희가 세계를 이끌어갈 것이라고. 그래야만 선순환으로 미래의 세계가 더 희망적이라고. 그래서 안정된 영재의 중요성을 아무리 강조해도 지나치지 않다.

나의 삶을 내가 잘 대처해가는 것을 알려주는 것이 진짜다. 경쟁에 파묻히지 않고 나의 길을 독단적이지도 주변 상황에 휘말리지도 않고 내가 해야 할 것을 찾아 하나씩 성취하고 나아가는 힘. 그것을 위해 정보와 방향의 다양성을 볼 수 있게 해주는 것이 선생과 부모의 몫일 뿐이다. 학습과 뇌의 영역 얘기를 해보자. 학습자의 수행 능력은 IQ와 메타인지 능력으로 설명되

아이의 잠재력을 깨우는
7가지 열쇠

는데 위와 같은 나의 주장은 찰스 두히그의 1등을 더 열심히 움직이게 하는 것이 관성의 법칙과 가속도의 법칙이라는 것과 일맥상통한다. 한번 1등을 한 경험은 성취와 긍정적 경험이 단기기억에서 감정 영역으로 기억된다. 여기서 한 번 성공한 경험이나 결과에 안주하지 않고 지속적으로 노력하고 발전하기 위해 노력하면 장기기억에 입력이 된다. 이는 자동화된 공장과 같은 흐름으로 많은 힘을 들이지 않고 습관을 만들 수 있다. 앞선 성공에 안주하지 않고 지속적으로 노력하기 위해서는 감정의 조절과 심리적인 안정성을 유지하는 것이 중요하다.

가속도 운동은 속도를 변화시키는 운동이다. 1등이 되기 위해서는 지금의 상태에서 빠르게 성장하고 발전해야 한다. 이를 위해서는 자신의 한계를 넘어서기 위한 도전과 변화가 필요하다. 새로운 도전에 대한 열정과 목표 달성을 위해 지속적인 가속력을 발휘하는 습관이 중요하다. 또한, 이 외에도 내부 동기와 외부 동기, 목표 설정 및 시각화, 자아 효능감 등 다양한 요소들이 개인의 열정과 의지력에 영향을 줄 수 있으므로 각자에게 맞는 방법과 전략을 찾아야 한다.

1등을 향해 열심히 움직일 수 있는 환경과 동기부여 요소 중 성남판교의 통합뇌센터의 뉴로 학습센터는 뉴로피드백 환경을 제공한 셈이다. 뉴로피드백 학습훈련이 자극하는 뇌 영역은 전두엽과 측두엽, 두정엽이다. 여기서 학습과 관련한 뇌의 영역을 한번 짚고 가자면, 전두엽(Prefrontal Cortex)은 계획, 목표 설정, 자기 통제 등 인지적인 기능을 조절하는 역할을 한다. 이 영역은 장기적인 목표를 설정하고, 단기적인 유혹에 대항하여 지속적으로 노력하고 발전하기 위한 의지력과 자기 통제를 제어한다.

그 외, 선조체(Striatum)는 보상과 동기 부여와 관련된 중요한 구조이다. 한 번의 성공이나 보상에 대한 신호를 처리하며, 이를 통해 동기 부여와 쾌감을 경험하게 한다. 그때 안주하지 않고 지속적인 성장과 발전을 위해서는 선조체의 조절 기능이 필요하다.

해마(Hippocampus)는 학습과 기억에 관련된 중요한 역할을 한다. 한 번의 성공 경험을 해마가 기억하고 저장함으로써 과거의 성취를 인식할 수 있다. 그러나 해마는 새로운 정보와 경험을 받아들여 자기만의 기억과 감정으로 적응하며 변화하는 능력도 가지고 있다. 안와전두피질(Orbital Frontal Cortex)은 감정 조절과 판단력에 관여하여 학습과 관계가 깊다. 이로써 뉴로피드백 훈련이 학습 효율과 학습 정서에 미치는 영향을 알 수 있다.

아이들이 달라졌다. 어떤 세대보다 개인적이고 더욱더 독립적이다. 이러한 현상은 코로나를 겪으며 더 도드라진 듯하다. 뇌파를 찍으면 전에 비해 현저히 주의력이 떨어진 모습을 볼 수 있다. 이는 사회성과도 관계가 깊다. 환경에 대한 부적응과 불안도가 높아졌고 스트레스도 많아졌다. 코로나 이후 요즘 유독 자퇴 이야기를 많이 듣는다. 왜 아이들이 자꾸 사회를 피하는 방법을 선택하는가에 대해서. 인간은 사회적인 동물임을 믿어 의심치 않았건만 세상의 전염병이 각자도생해도 된다고 가르쳤다. 그러면서 불안과 예민이 높아져 그 각자도생이 각자 잘 숨기가 되어버린 게 아닌가 싶어 씁쓸하다.

그런 이유로 성남판교의 뉴로학습센터의 임상 사례는 특별하다. 코로나를 겪으며 우리 아이들은 온라인으로 뇌 훈련을 하였다. 교육적 관심이 많은 지역적 특색인지 학습에 효과적인 부분이 검증되면서 아이들 대부분이 뇌 훈련기기를 보유하고 있었던 덕분이기도 했다. 뉴로학습센터의 아이들은 일단 해맑다. 바쁘지 않은 아이들인 듯 여유가 있다. 집중력이 좋으니 빠른 시간에 해야 할 것을 얼른 하고 쉬라고 했다. 말이 쉽다고? 그런데 그게 된다. 기억력이 좋으니 빨리 외우고 쉬라고 했다. 예전보다 빨라진 기억력이 시간적인 여유를 준다. 한번 성취를 하니 다른 성취는 쉬워진다. 그러니 잠시 후 다른 것을 후다닥 끝내버린다. 남은 휴식 시간이 충분해진다. 이것이 자기조절 능력이다.

쉴 때 잘 쉬고 일할 때 열심히 일할 수 있게 자신을 조절하는 능력이다. 뇌 훈련은 원활한 신경망의 연결로 자유로워진 네트워킹이 자기조절능력을 키워준다. 놀고먹으면서 공부해 100점인 것 같지만 실은 집중할 때 양질의 집중을 사용했다는 것이고 쉬는 시간에 제대로 쉬어 정신과 육체의 체력을 키웠을 것이다. 그리고 또 하나 놀라운 부분이 있다. 이 사춘기 아이들의 언어가 유연하다는 것이다. 자신의 주장을 펼칠 때 감정을 앞세우지 않고 적정한 단어를 찾기 위해 집중한다. 대화를 마치고 나면 뭐가 이렇게 느물느물하게 상황이 넘어가 졌지? 한다. 스트레스가 있어도 하루를 넘기지 않으며 심지어 문지방을 나서면서도 감정이 순화되어 완만해진다고 한다. 내가 얼마나 꿈꾸고 꿈꾸었던 안정된 정서가 아닌가.

나는 이제 선행 학습의 의미를 무겁게 두고 있는 수학 선생이 되어 있다. 그럼에도 아이들의 선행학습 속도가 무서울 정도로 빠르다. 선장이 바뀌었다. 이 아이들이 선장이다. 선생은 배의 방향이 맞는지만 수시로 점검한다. 놓고 가는 물건은 없나 계속 선장들과 질문과 토론을 반복한다. 대부분 자신의 의심병으로 비롯한 점검일 때가 많다. 지금까지 가르친 아이들과 사뭇 다른 느낌이다.

진짜 공부하는 아이들이다. 나는 아이들에게 자신을 위해 공부하는 사람에만 그치는 게 아니라 앞으로 너를 보고 꿈을 키우는 누군가를 위해 공부하라는 얘길 하곤 했다. 그리고 또 그 좋은 에너지로 선순환을 시켜달라며 당부했다. 그리고 그것을 실천해 나가고 있는 이 커다란 배들의 선장들을 보고 있자면 정말 미래가 희망적이라는 생각이 들 수밖에 없다. 그래서 난 우리 뉴로학습센터에 누가 언제 들이닥쳐도 뿌듯하다, 반면 이 학습환경이 아직도 낯설고 신기하기도 하다. 과연 무엇 때문일까? 코로나라는 시기의 특수성에 개인적 상황으로 뉴로피드백과 컬러테라피 등의 많은 연구와 실험으로 전후 뇌파를 많이도 찍게 되었고 그 이후로도 수없이 뇌파를 찍고 있다. 아이들의 집중도가 뇌훈련자와 비훈련자 차이가 나는 것을 보고 원리를 알면서도 신기했다.

뇌신경망이 단단해지니 면역이 높아지고 체력이 좋아진다. 집중력 훈련은 아이들의 운동피질을 건드려 지구력과 순발력을 좋게 만들었다. 기억력 훈련은 해마와 편도체를 자극하여 단기기억력과 장기 기억력을 높이고 감정을 순화시키는 데에 도움을 주었다. 이에 아이들의 스트레스 저항지수가 높아지는 것이 놀라웠다. 코로나라는 불안한 환경에서 아이들의 정서가 어느 때보다 안정되어 가고 있었다. 90% 이상의 임상 효과 데이터로 확인했고, 직접적으로 아이들의 언행, 학습을 대하는 정서 태도로 알 수 있었다. 사춘기에 접어든 아이들의 순화된 언어를 들을 수 있었다. 안정된 정서는 글씨체에 영향을 미쳤고, 또박또박 변해가는 글씨들에 감동했다. 진짜 자기 공부를 하는 아이들! 뇌과학적 관점에서 볼 때, 정보를 학습하고, 이해하며, 기억하는 과정 전반이라고 했다. 이 과정은 다음과 같은 여러 뇌 부위의 복잡한 상호작용으로 이루어진다. 그리고 새로운 정보를 기존의 지식과 연결하면서 정보를 더 깊이 이해하게 된다.

아이의 잠재력을 깨우는
7가지 열쇠

# 04 뇌효율이 필요한 아이들

**조급함과 강박함을 느낀 아이들의 충격적인 두뇌**

얼마 전 뇌파와 뇌 훈련 자격 과정을 알리는 강의를 하였다. 예민하고 불안이 많은 아이 사례를 이야기하고 부모님과 함께 훈련받는 예를 알렸다. 질의 응답시간에 강의를 듣던 한 분이 최근 지인에게 있었던 일을 공유하셨다. 아파트 층간 소음으로 아랫집 지인분이 경찰에 신고했다는 것이다. 신고 내용이 아동학대였다. 밤늦은 시간이라 대화의 내용이 선명하게 들렸다고 한다. 애기인즉, 공부하라니까 왜 쉬고 있냐는 엄마의 고성에 고등학생 아이는 지금껏 공부했고 지금 막 쉬기 시작했다고 했다고 한다. 그럼에도 엄마의 고성 공격은 그치지 않았고 결국 물건 던지는 소리까지 들려왔다. 아이가 지지 않고 이번 시험에서 1등을 했는데 뭘 더 바라냐는 식의 흥분된 어조의 말대답이 오갔고, 엄마는 더욱 흥분하는 격이었다. 듣고 있던 지인은 참 그 엄마 너무 하네, 했고, 급기야 물건 던지는 소리에 신고하게 되었다며. 그 아이는 엄마와 떨어져 그냥 놔두면 더 잘 될 아이이지 않겠냐고 반문했다. 내 경험으로도 예민한 아이들의 일정 부분 이상은 부모님의 양육태도에서 더욱더 불안을 느끼곤 했다. 일주일에 2~3번 30~40분씩의 훈련을 하게 되는데 집으로 돌아가면 매일 23시간은 똑같은 환경에 놓이게 된다. 변하지 않는 환경도 문제다. 부모님의 정서를 안정시키지 않으면 효과가 더디었기 때문에 그런 경우 부모님이 함께 뇌 훈련을 하도록 한다. '부모님이 함께 하지 않으면 나는 이 아이를 훈련하지 않을 것'이라는 이야기를 완곡하게 하곤 한다.

조급하거나 강박이 있는 아이들은 불안도가 높은 경우가 많다. 또 예민하여 주변 상황이나 나의 상황을 지나치게 인식한다. 이런 아이들은 부모님이 별다른 얘기를 하지 않아도 눈빛에서 많은 부분을 읽는다. 청각도 예민하여 목소리 톤에서도 자신에 대한 신뢰도를 체크한다. 처신이 빠른 아이는 지나치게 눈치를 보게 되며 그게 안 되는 아이는 짜증이나 왜곡된 감정을 표출한다. 손톱을 뜯어 피투성이가 된 아이도 있으며, 자해를 하기도 한다. 대체로 주변을 경계하여 마음을 열지 않고 어쩌다 한번 열린 마음은 옳고 그름을 판단할 수 없다. 하여 주변의 나쁜 환경을 만나게 되면 그에 휩쓸리기 쉽다.

무엇보다 이러한 상황은 황금 같은 성장기의 오랜시간을 방황하게 만들고 사회와 소통이 어려운 자아를 만들게 된다. 그 과정이 얼마나 힘들고 혹독한지 한 가정이 또 얼마나 피폐해지는지 사회적 손실을 이루 말로 표현할 수도 없을 정도이다. 이런 다양한 결핍이 있는 아이들을 훈련한 지 어언 10여 년이 되어간다. 학습과 가장 가까이 관계하며 아이들을 지켜보았다. 다양한 실험을 하기 위해 전후 뇌파를 찍으며 가장 효율적인 환경과 효과를 얻기 위해 노력해 왔다. 그렇게 과학적 실증을 거쳐 나온 임상이 놀라웠다.

예민한 아이들은 표정이 다르고 자세가 다르다. 그것을 이런 게 단순하게 이야기하다니. 하지만 자세와 태도가 바른 아이들을 가르치는 기쁨과 보람은 단순한 뿌듯함을 넘어선 기적과 같은 감동이다. 뾰족한 날이 서 있어 말도 못 붙일 것 같은 아이가 '에이 선생님, 한 번만 봐주세요.'라고 한다. 학교

생활과 친구 관계로 너무 우울했던 우리 중2 아이는 불안과 예민함이 빠지니 웃음이 많아졌다. 날카롭던 얼굴이 유해져 부드러운 얼굴이 되면서 성격이 좋아진다.

**장애를 만드는 두뇌환경**

뇌는 복잡한 구조와 기능이 있다. 특정 부위의 활성화가 되지 않아 문제가 발생하기도 한다. 이러한 문제 요인은 유전적인 이유 외에 습관 등의 물리적 변화와 스트레스 등의 환경적 요인에서 관여된다. 뇌 특정 부위의 활성화가 되지 않으면 습관이나 인성의 변화를 초래한다. 이는 뇌 신경망의 물리적 변화로 인한 결과이다. 학습장애의 유전적 소인이 있는 경우는 뇌의 구조와 기능에 영향을 미쳐 뇌 지능을 떨어뜨리게 된다. 임신 중 산모의 출산 과정에서 영양 섭취 부족이나 약물복용, 감염 등 건강으로 인한 문제는 태아의 뇌 건강 상태를 악화시키는 영향을 줄 수 있다. 아동기 뇌 손상이나 외상성 뇌 손상도 특정 뇌 영역의 기능을 저하하여 학습장애의 원인이 될 수 있다. 어떤 아동의 지능은 정상일 경우에도 이러한 학습장애나 특정 능력 발달에 문제점이 발생하기도 한다. 이는 뇌의 특정 부위 활성화에 문제가 생겨 발생하는 것이다. 모두 학습장애를 겪거나 특정 능력 발달이 어려워진다.

장애를 만드는 두뇌 환경에서 벗어나는 방법으로 올바른 뇌가소성 활용을 제안한다. 뇌를 쓰면 쓸수록 활성화된다는 뇌 가소성. 뇌가소성의 원리를 활용하면 뇌에서 일어나는 장애를 극복할 수 있다. 가족과 사회의 이해와 지원으로 지속적인 훈련과 노력이 함께 하면 큰 성과를 거둘 수 있다는 임상이 존재한다. 특히나 학습장애는 이러한 뇌가소성의 활용 극대화도 가능하다. 필자가 사용하는 뉴로피드백도 뇌가소성 활용을 극대화한 방법이다. 이런 환경에서 벗어나는 방법 중 하나는 '쉼'이다. 우리 뇌는 쉴 때 쉬어주어야 한다. 쉴 때 쉬고 일할 때 일할 수 있는 뇌가 건강한 뇌이다. 일정 기간의 수면과 휴식이 꼭 필요하다. 쉴 때 뇌 활동이 줄지 않을까 하지만 오히려 반대이다. 뇌는 쉬는 동안 활성화되어 자아 인식과 주변 환경을 일깨워주는 데 도움이 된다. 사회성 및 대인관계를 원만하게 유지하는 데도 도움이 된다.

**멀티태스킹은 뇌를 퇴보시킨다**

멀티태스킹, 즉 동시에 여러 가지 작업을 수행하는 것이 뇌에 어떤 영향을 미치는지에 대한 여러 가설이 제기되었다. 아직 이에 대한 정확한 결론을 내릴 수 있는 과학적인 연구는 이루어지지 않았다. 다만, 일부 연구의 결과를 통해 우리는 멀티태스킹이 뇌에 미치는 영향에 대해 어느 정도 이해를 도모할 수는 있다.

첫째, 멀티태스킹은 '인지 부하'를 초래한다. 이는 뇌가 동시에 여러 작업을 처리하기 위해 모든 능력을 집중해야 하는 상황을 의미한다. 이렇게 되면, 뇌의 작업 처리 능력이 분산되어, 각각의 작업에 필요한 시간이 더욱 길어지게 될 수 있다. 즉, 멀티태스킹은 작업의 완료 시간을 늘릴 수 있는 요인이다. 둘째, 멀티태스킹은 '집중력의 분산'을 야기한다. 여러 작업을 동시에 수행해야 하는 상황에서 각각의 작업에 충분한 주의를 기울이기가 어렵다. 이것으로 작업의 품질과 정확성이 저하될 수 있다. 셋째, 멀티태스킹은 '작업 전환 비용'을 발생한다. 여러 작업을 동시에 처리하는 과정에서 작업 사이를 빠르게 전환해야 하며, 이는 뇌가 감당해야 하는 시간적, 인지적 부담을 늘린다. 이러한 작업 전환은 작업의 흐름을 방해하며, 생산성을 저하할 수 있다. 마지막으로, 멀티태스킹은 '오류 발생 가능성'을 증가한다. 여러 작업을 동시에 관리하는 것은 작업 간의 혼동을 초래할 수 있으며, 이것으로 실수나 오류가 발생할 가능성이 크게 증가한다. 이렇듯 멀티태스킹은 주의력과 집중력을 분산시킬 수 있다. 여러 과목을 동시에 집중하려고 하면 각 작업에 충분한 주의를 기울이기 어려울 수 있다. 이는 학습의 질과 효율성에 영향을 줄 수 있다.

멀티태스킹이 뇌를 퇴보시킨다는 절대적인 이유는 없으며, 개인의 능력과 선호도에 따라 다를 수 있으나 일반적으로 뇌는 여러 작업을 동시에 수행하는 것보다 하나의 작업에 집중하는 것에 더 효과적이다. 멀티태스킹을 하면 여러 작업 사이에서 자주 전환하고, 뇌는 이러한 전환에 더 큰 노력을 기울여야 한다. 이로써 작업 간의 오류가 발생과 작업 완료 시간이 더 오래 걸릴 수 있다. 물론 개인에 따라 멀티태스킹에 대한 능력과 효율성이 다를 수는 있다.

# 04 뇌파 분석을 통한 우리 아이 뇌 깨닫기

뇌파를 분석한다는 것은 뇌의 전기적 활동을 실시간으로 기록하는 비침습적 방법을 이용한다. 두피에 부착한 전극을 통해 뇌의 전기신호, 즉 뇌파를 측정한다. 이는 뇌의 신경세포들이 만들어내는 미세한 전기신호를 모니터링하여 뇌의 활성 상태를 분석하는 것이 가능하다. 각 주파수 대역(알파파, 베타파, 세타파 등)은 서로 다른 인지 기능과 생리적 상태를 반영하며, 이를 통해 학습, 정서 조절, 창의성 발휘와 같은 다양한 뇌의 기능을 평가할 수 있다.

◎ 주의력 향상 SMR파와 집중력 향상 베타파의 역할

SMR파와 베타파는 주의력과 집중력을 유지하는 데 중요한 역할을 하며, 각성과 주의 상태에서 활성화된다. 연구에 따르면, 주의력 결핍 장애 학생들의 경우 베타파 활동이 낮아 학습 중 집중력이 떨어지는 경향이 있다. ADHD 학생들을 대상으로 한 임상 연구에서는 뉴로피드백을 통해 베타파를 증가시키고 세타파를 감소시키는 훈련을 하여 주의력과 과제 수행 능력을 향상하는 효과를 확인했습니다. 베타파는 학생의 주의력을 유지하고 학습 환경에서 긍정적인 학습 성과를 낼 수 있도록 돕는다.

◎ 학습 준비 상태와 알파파의 역할

알파파는 이완된 상태에서 발생하여, 학습에 대한 불안감을 줄이고 편안한 상태를 유지하도록 돕는다. 시험과 같은 긴장 상황에서도 알파파가 높은 학생들은 불안이 줄어들고, 심리적으로 안정감을 느끼며 학습에 몰입할 수 있다. 한 연구에서는 학습 전 알파파를 증가시키는 훈련을 통해 학생들이 학습 준비 상태로 더 잘 전환할 수 있도록 지원했으며, 이를 통해 학습 효율성과 집중력이 높아진 결과를 얻었습니다. 알파파 훈련은 학습 전 심리적 준비 상태를 만들고, 정서적 안정감을 제공하여 긍정적인 학습 태도를 형성한다.

### ◎ 창의성과 세타파의 역할

세타파의 적절한 비율은 창의적 사고와 직관적 사고를 자극하여, 학생이 새로운 아이디어를 떠올리고 독창적인 문제 해결 방안을 도출하는 데 도움을 준다. 연구에 따르면, 창의적 과제를 수행할 때 세타파의 비율이 적정하게 나타나며, 적정한 비율의 학생들은 창의적인 아이디어와 독창적인 해결책을 더 잘 도출하는 경향이 있다. 특히, 창의성이 요구되는 학습 환경에서 세타파는 새로운 아이디어를 발휘할 수 있도록 돕는 중요한 역할을 한다.

### ◎ 뉴로피드백 훈련이 뇌의 특정 영역에 미치는 효과

뉴로피드백 훈련은 전두엽의 활성화로 주의력 및 계획 수립 능력을 강화하여 학습과 집행 기능에 도움을 준다. 측두엽 조절에도 영향을 주어 정서 안정과 언어 처리 능력 향상에 기여할 수 있으며, 불안이나 정서 문제 해결에 도움을 줄 수 있다.

두정엽 발달로 인한 감각 처리와 운동 기능을 강화해 공간 인식과 신체 인지에 도움을 준다. 또한, 후두엽의 시각 처리를 통하여 시각적 자극에 대한 인지 반응을 개선하고, 시각 정보 처리를 원활하게 하여 학습 및 시각적 이해력에 도움을 준다. 이런 신경가소성과 훈련의 장기적 효과는 신경 가소성을 통해 뇌 구조와 기능을 변화한다. 뉴로피드백 훈련으로 장기적 변화를 유도할 수 있다. 가령, 전두엽 기능 향상 훈련으로 주의력 문제를 개선하고, 측두엽 기능을 강화하여 정서 조절력을 높일 수 있다.

## 아이의 잠재력을 깨우는 7가지 열쇠
(아이들을 상담하고 교육하는 선생님 7명의 교육철학)

| | |
|---|---|
| 발행일 | 2025년 03월 10일 |
| 지은이 | 김송은, 박규리, 김인선, 박미선, 이은진, 이숙희, 이서아 |
| 발행처 | 우먼더스토리 |
| 출판등록 | 제2023-000314호 (2023년 09월 21일) |
| 주소 | 서울특별시 강남구 테헤란로 82길 15층 (디아이타워 617) |
| 대표전화 | 010-9636-7859 |
| 이메일 | womanthestory@gmail.com |
| ISBN | 979-11-94441-07-6(03800) |

주문처: 도서출판 수선재(협력사)
0507-1472-0328 /fax 02-6918-6789 /ssjpress@naver.com

ⓒ 김송은 외 6인 2025
본 책 내용의 전부 또는 일부를 재사용하려면
반드시 저작권자의 동의를 받으셔야 합니다.